Ⓢ新潮新書

大塚ひかり
OTSUKA Hikari

女系図でみる驚きの日本史

735

新潮社

女系図でみる驚きの日本史　目次

凡例

＊本書では、古典文学から引用した原文は〃〃で囲んであります。

＊〃〃内のルビは旧仮名遣いで表記してあります。

＊引用した原文は本によって読み下し文や振り仮名の異なる場合がありますが、巻末にあげた参考文献にもとづいています。ただし読みやすさを優先して句読点や「」を補ったり、片仮名を平仮名に、平仮名を漢字に、旧字体を新字体に、変えたものもあります。

＊日本神話の神名は原文では漢字ですが、登場箇所や本によって表記がまちまちなため、旧仮名遣いの片仮名表記が中心です。

＊引用文献の趣意を生かすため、やむを得ず差別的な表現を一部使用していることをお断りします。

＊系図内の○洋数字は天皇の即位順、△故人、＝婚姻・性関係、｜子、◆同一人物、○は一代略を示します。

第一講　平家は本当に滅亡したのか

以前、雑誌の仕事で、アイドルグループ「嵐」のメンバー五人を平家の公達《きんだち》にたとえたことがあった。リーダーの大野智《さとし》は一門のまとめ役だった人格者重盛。相葉雅紀は屈託のない性格で皆に愛された重衡《しげひら》。櫻井翔は平家きっての知将知盛。松本潤は当代一の美男維盛《これもり》。そして二宮和也《かずなり》は合戦にも笛を持参した風雅な美少年敦盛。

『平家物語』では、源義経は木曾義仲などと違って都馴れしているとはいえ、

〝平家のなかのえりくづよりもなほおとれり〟(平家の中の選りクズよりもさらに劣っている)(巻第十)

と描かれるほど、平家の公達は洗練されていた上、

〝平家はもとより代々の歌人才人達で候なり〟(巻第十)

とあって、皆、和歌や舞に長けた芸達者だった。また、『源氏物語』には職業的な芸

人より〝家の子〟(良家の子弟)による芸能こそ新鮮で優美な筋という点では一段上という考え方が見られる(「紅葉賀」巻)。

嵐をそうした良家の子弟＝平家の公達に重ねた記事は「斬新」と受け取められ、おおむね好評であった。

ただマイナスの反応もあって、それは「平家、滅亡してるじゃん」という声だった。

たしかに手持ちの教科書の副読本の年表にも「一一八五年　壇ノ浦の合戦(平氏滅亡)」と書いてある。そして実は、私のたとえはそういう突っ込みはあるだろうなと想定済みのものだった。

平氏が滅亡したというなら源氏も滅亡している。むしろ平氏は「女系図」でみると、栄華は続くよどこまでも、だ。それも生半可な栄華ではない。清盛の子孫は今の天皇家にもつながっているし、女系図をたどれば摂関家や将軍家といった栄華の中枢にもつながっていく。

何か言われたら、その事実を示せばいいという「用意」があったから、自信をもって平家の公達にたとえることができたのだ。

平家の生き残りだらけ

「女系図」とは、私が古典文学にはまった中高生のころから作っている系図である。南北朝時代に編纂された系図集『尊卑分脈《そんぴぶんみゃく》』や古典文学全集などに収められた通常の父系の系図に対して、母系の系図をこう呼んでいる。

たとえば平清盛の通常の系図は、

桓武天皇─葛原親王─高見王─高望王（賜平姓）─良望─貞盛─維衡─正度《まさのり》─正衡─正盛─忠盛─清盛─重盛─維盛─六代《ろくだい》

教科書や年表では重盛の弟たちや甥たちの死んだ壇ノ浦の合戦を以て「平氏滅亡」としており（重盛や維盛は壇ノ浦の戦い以前に死んでいる）、『平家物語』では戦後十四年経って、清盛の直系の曾孫である六代が斬首されたことを以て、

〝それよりしてこそ、平家の子孫は、ながくたえにけれ〟（巻第十二）

と、一門の滅亡と見なしている。現行の『平家物語』はこのあとに「灌頂巻《かんじょうのまき》」が続くが、『平家物語』の原形ではここで終わっていた。なんとも救いのないラストで、『平家物語』の原形が作られた鎌倉時代初期の人々は、六代の処刑を以て平家の滅亡と考えていたことが分かる（ただ、あとで触れるように、『平家物語』が「平氏」でなく〝平家〟

滅亡としているところに注意)。

が、それにしては、鎌倉時代以後、平家をなつかしむ文芸がたくさん登場する。

高倉天皇の母建春門院の素晴らしさを中心に回想した『たまきはる』、高倉天皇の中宮となった清盛の娘の建礼門院に仕えた女房による『建礼門院右京大夫集』、平家一門の華やかな日々を綴った『平家公達草紙』……。

一門の栄華と滅亡を描いた『平家物語』には怨霊を鎮める意味もあるのは有名だが、『たまきはる』や『建礼門院右京大夫集』『平家公達草紙』といった平家関連本の特徴は、公達の栄華に主眼を置いて、その日々をなつかしんでいる点だ。

それもそのはず、これらはすべて一門の関係者の手に成っている。

拙著『女嫌いの平家物語』にも書いたのだが、平家滅亡後の文学を担っていたのは、平家の関係者と言っても過言ではない。

系図1を見てもらえれば明らかなように、『建礼門院右京大夫集』の作者右京大夫は清盛の孫資盛の恋人で、彼女とも親戚関係にある『たまきはる』の作者健御前(藤原定家は彼女の同母弟である)は建春門院(平滋子)に仕えていた。『平家公達草紙』の作者説のある冷泉隆房は清盛の娘婿である。

そうした平家の関係者たちが力を持つ文学界で、平家の栄華をなつかしみ、懐古する風潮が当時あった。『建礼門院右京大夫集』や『平家公達草紙』の作者は平家の全盛時代をそれぞれ〝忘れがたく〟思うために綴ったと書いているが、

「平家のことを知りたい」

という需要もあったようで、

「平家全盛の片端をすら知らない人は、さすがに聞きたがる者もあるのだった」（〝片端をだにその世を見ぬ人は、さすがに聞かまほしうするもありけり〟）

と『たまきはる』にはある。

こうした風潮が起きるのは、あとで触れるように平家と敵対した源氏が、政治的に平家以上に滅びたと言えるような状況になっていたため、大手を振って平家に好意を寄せることができた、ということが一つあろう。

もう一つは、先祖の栄華を知りたがる平家の生き残りたちがあちこちにいたからではないか。

母系をたどる「女系図」で見れば、そこら中、平家——清盛の生き残りだらけなのだ。

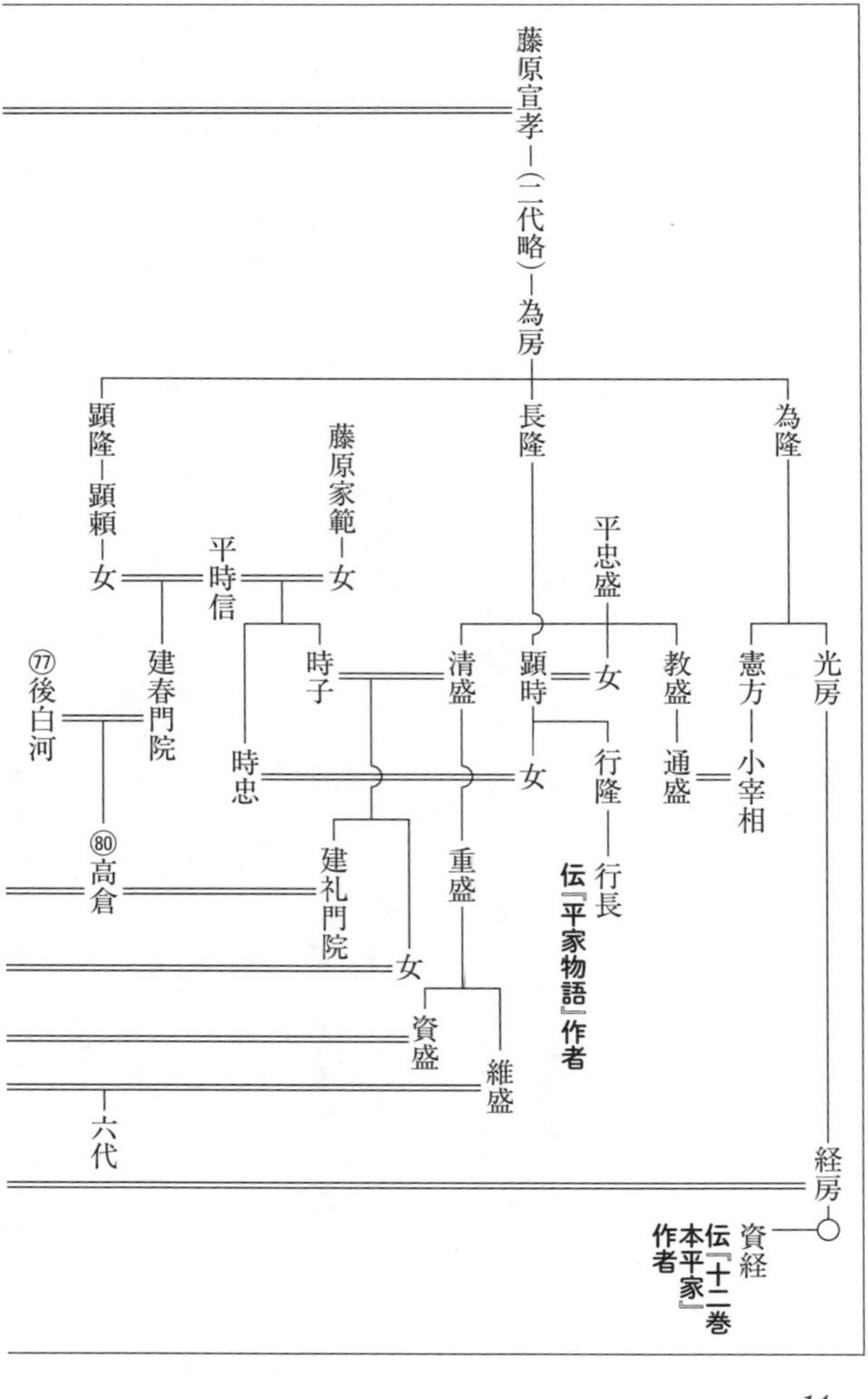

藤原宣孝
（二代略）
為房
為隆
長隆
顕隆
光房
憲方
小宰相
経房
資経
伝『十二巻本平家』作者
平忠盛
教盛
通盛
女
顕時
行隆
行長
伝『平家物語』作者
清盛
重盛
資盛
維盛
藤原家範
女
平時信
時子
時忠
女
建礼門院
女
顕頼
女
建春門院
⑦後白河
⑳高倉
六代

系図1　平氏関連文学と一門

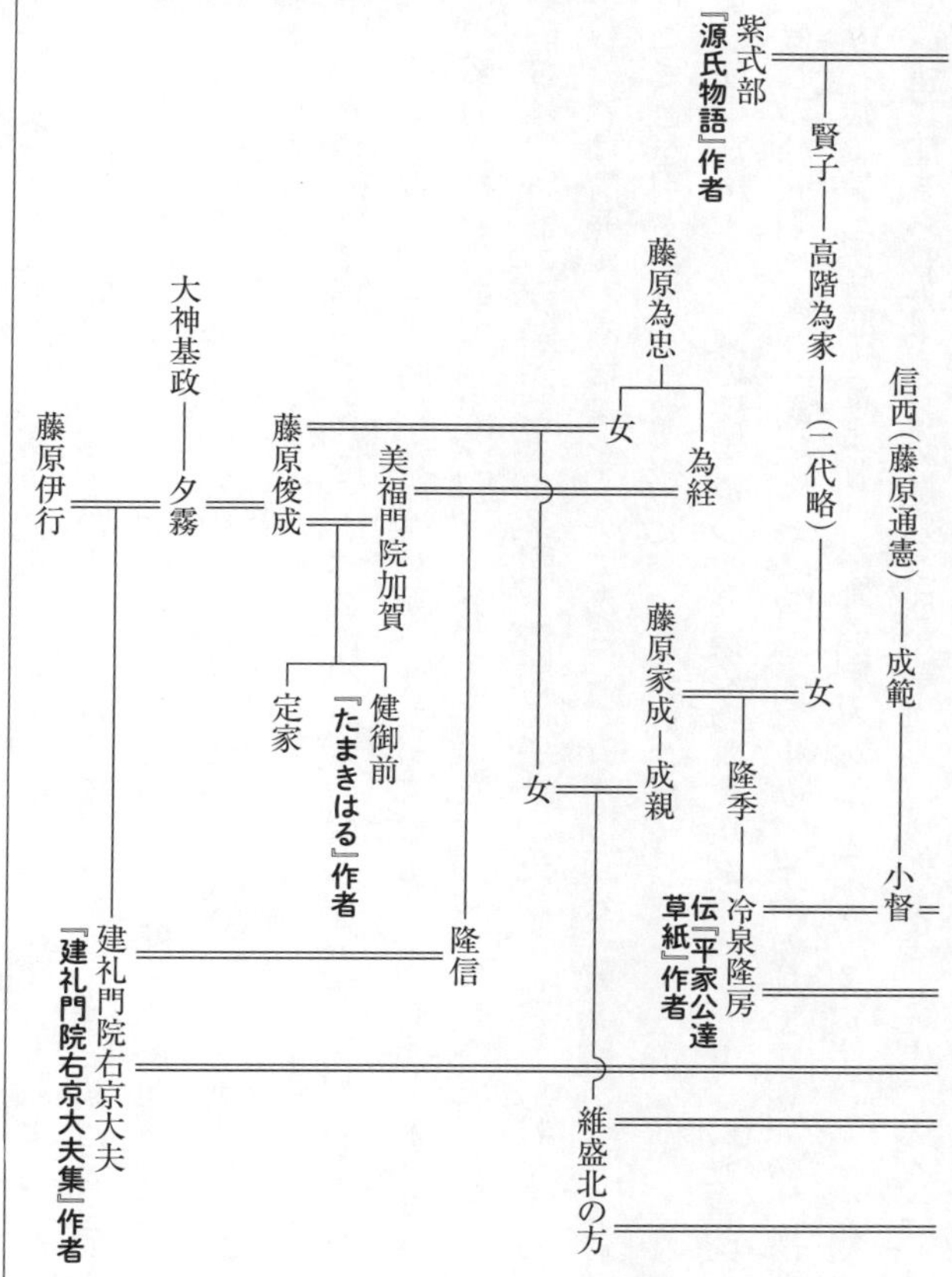

天皇に繋がる清盛の血

と、その前に、当時は一夫多妻の上、貴族社会では男が女のもとに通う結婚形態が残っていたため、女のほうでも、右京大夫やその母のように離婚再婚を繰り返したり、複数の男を通わせていた。その母方をいちいちたどっていくと、たこ足配線状になってわけがわからなくなってしまう。

平家の女系図とはいっても、テーマ別に、あるいは人物別に、無数の系図を作る必要が出てくるわけで、中高時代から今に至るまで、こうした系図作りが私の趣味であった。で、**系図2**は、清盛の「男系図」。いわゆる普通の系図である。

系図3は、清盛の女関係による系図。清盛の子を、母親別に書き分けてある。母親が分からぬ者は清盛から直接線を引いてある。これが簡単な「女系図」である。

ここで目を引くのは、清盛の娘に源義経の同母妹がいることだ。母は、『平治物語』によれば中宮呈子の侍女の採用にあたり集められた美女千人から選ばれた常盤（常葉）で、はじめ源義朝に愛され義経ら三人の息子を生み、平治の乱で義朝死後、清盛の愛人となり、娘（『平家物語』によれば〝廊の御方〟）を生んだとされる（『平治物語』によると清盛に飽きられたあとは大蔵卿長成の妻になり〝子共あまた有ける〟という）。

系図2 「男系図」でみた清盛の子女
『平家物語』による

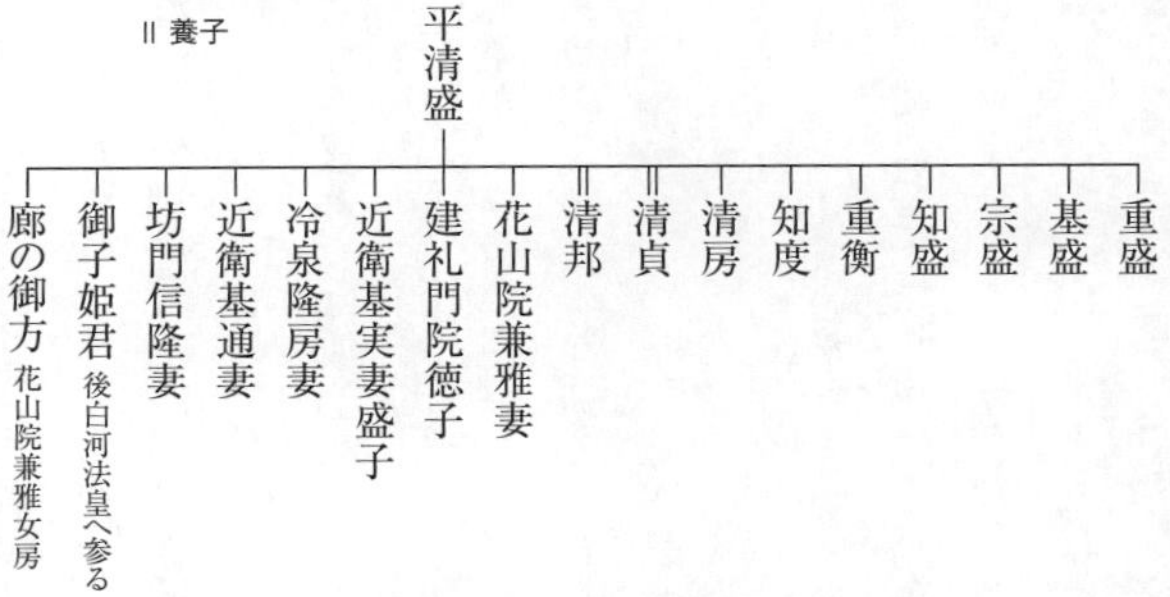

系図3 清盛の女関係系図（付・常盤系図）
『平家物語』と『平治物語』等による

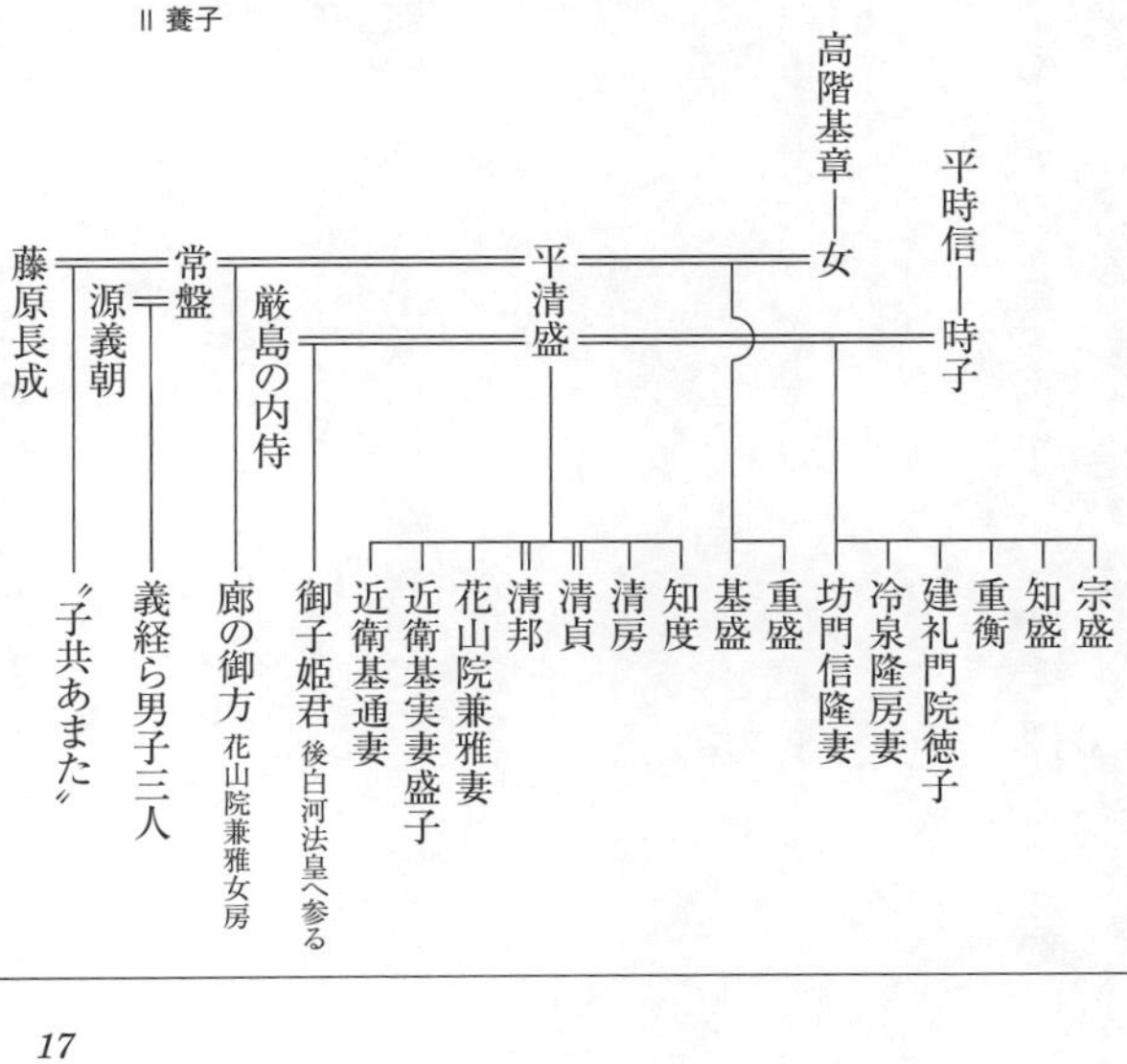

同じく『平家物語』によれば、安芸国厳島の内侍と呼ばれる女性とのあいだに生まれた娘は後白河法皇のもとに参り、〝女御のやうにてぞましましける〟とある。『源平盛衰記』には、公卿や殿上人が付き従って〝偏《ひと》へに女御入内《じゅだい》の様なり〟（巻第二十五）とあって、御所に入る様子が女御のようにものものしかった、という意味のようだ。

そして系図4。作成当時、「♪栄華は続くよ〜どこまでも〜」と自分で名づけた平家の生き残り系図を簡略化したものだ。清盛の血筋が今上天皇にまで届いていることが分かっていただけるであろう。

平家滅亡？　どこの話？　ってなものである。

北条政子も平氏

で、思い出していただきたいのは、教科書などには「平氏滅亡」とあるものの、『平家物語』には〝平家〟が滅亡したとあること。

平氏と平家とどこが違うの？　と思うかもしれないけれど、違う。

『平家物語』で滅亡したとされるのは、清盛と彼の兄弟の男系の子孫である。ここでの〝平家〟は清盛の父忠盛（もしくは祖父正盛）の父系の一門を指すと考えていい。

系図4「♪栄華は続くよ〜どこまでも〜」系図
簡略版

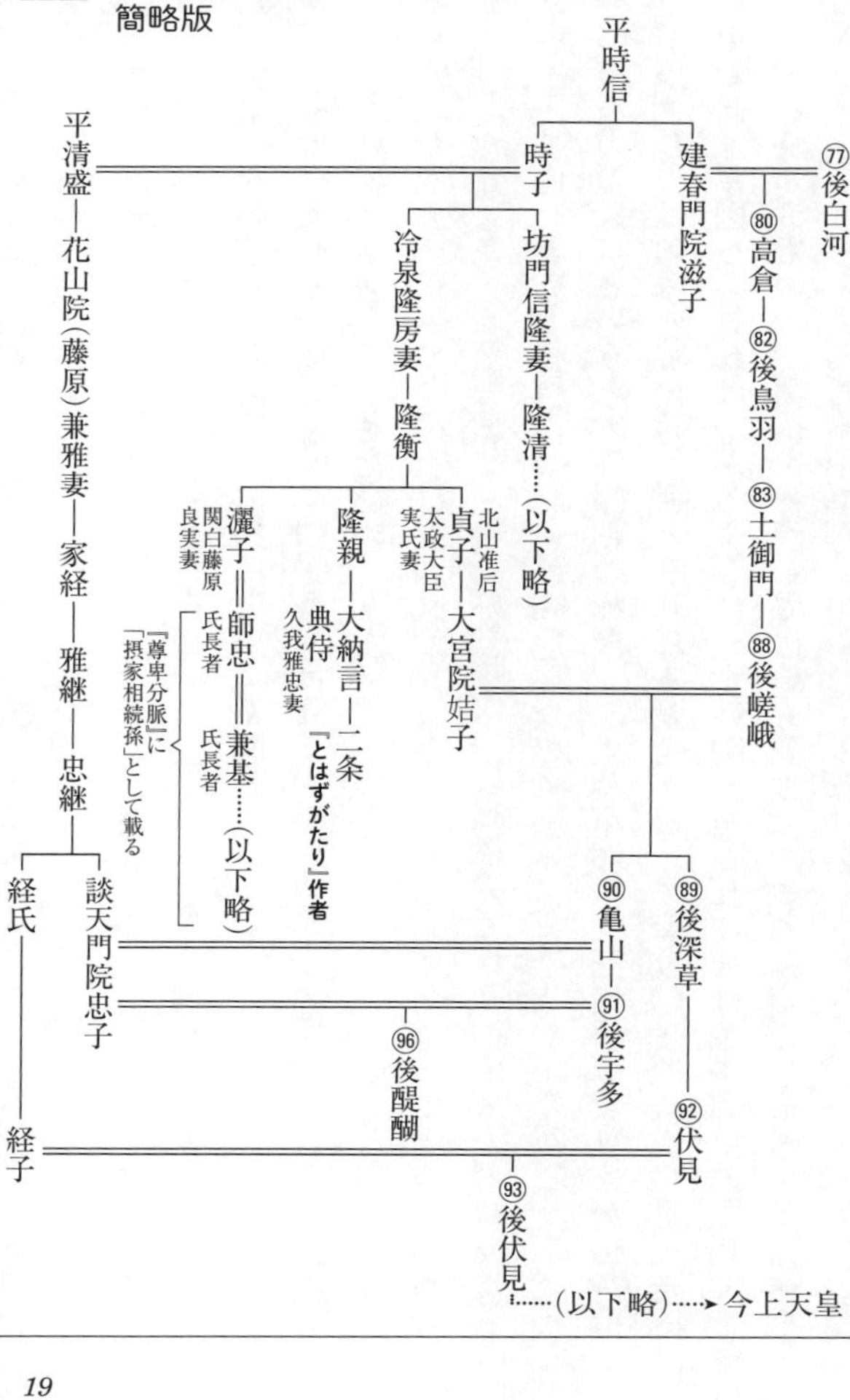

が、平氏というと、清盛の一門だけでなく、清盛の妻時子も平氏で、伊勢平氏の清盛の家系より家格の高い堂上平氏と呼ばれる一族だ。

鎌倉幕府を開いた源頼朝の妻の北条政子も平氏である（北条は名字。氏と名字の違いについては⇓第二講）。しかも清盛の先祖と同じく平貞盛（将門のいとこで将門を討伐した）の子孫なので、より清盛と血筋は近い（系図5）。

が、本稿ではそうした広い意味での平氏ではなく、平忠盛の子の中でもとくに清盛の血を引く末裔という切り口で話を進めてきた。

そしていわゆる「平家の公達」は女系図で見れば滅亡などしていないことが分かるのだが、「平氏」となると滅亡どころか、鎌倉時代の最高権力者になっていたわけだ。つまり「平氏滅亡」という教科書の記述は間違いなのである。

さて一方の源氏はというと、源頼朝の死後、二代将軍頼家も三代将軍実朝も死去、直系の子孫としては頼家の娘の竹御所と呼ばれる女性が残っており、藤原氏から迎えた四代将軍頼経（系図5を見れば分かるように、女系図をたどれば彼は源平両氏の子孫でもある）と結婚するものの、男子を死産して自らも死去。ここで頼朝の直系の子孫は途絶えている。

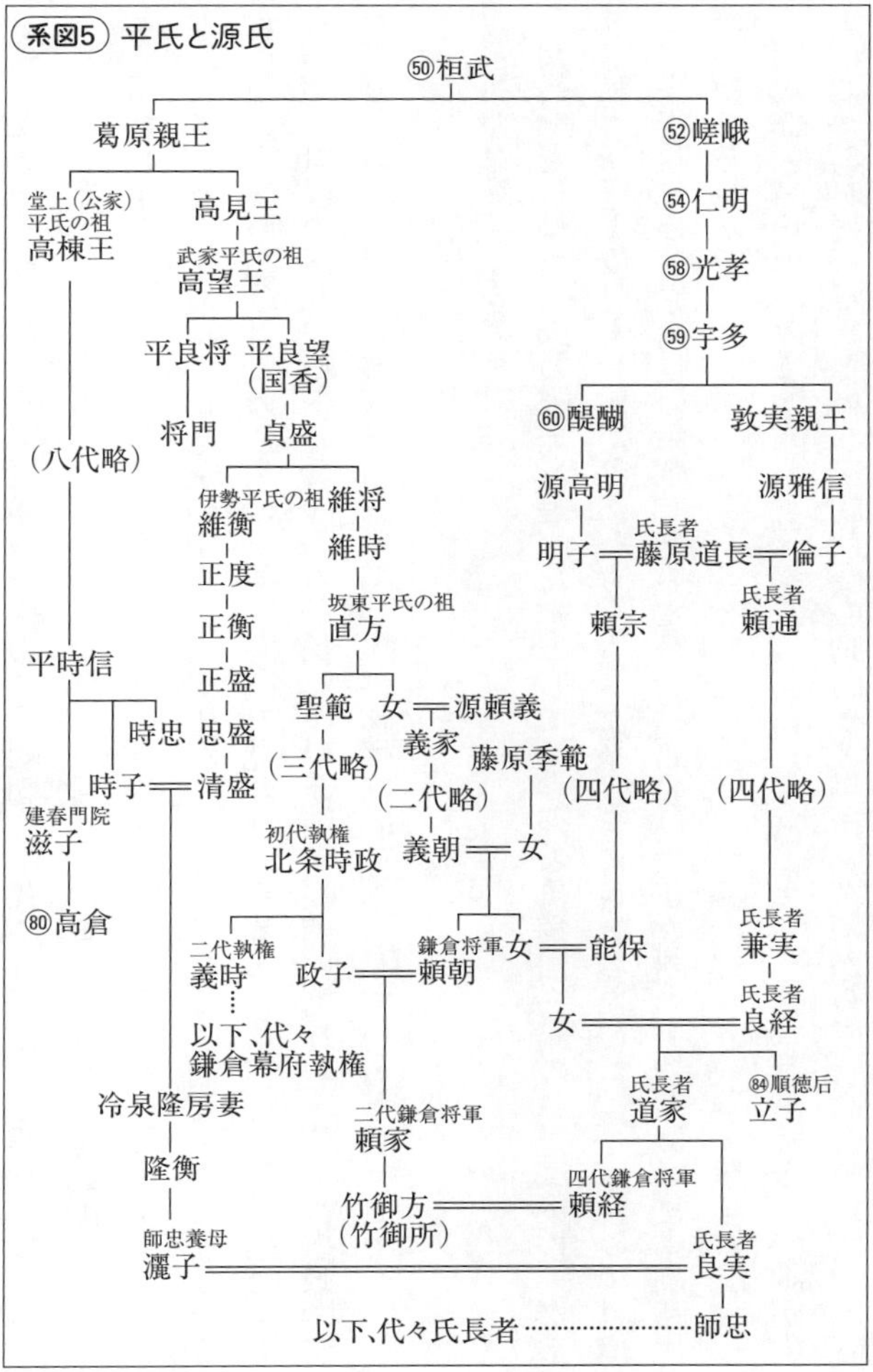
系図5 平氏と源氏
⑤桓武
葛原親王
⑫嵯峨
堂上(公家)平氏の祖
高棟王
高見王
㊹仁明
武家平氏の祖
高望王
㊾光孝
平良将
平良望(国香)
㊿宇多
将門
貞盛
⑩醍醐
敦実親王
(八代略)
伊勢平氏の祖
維衡
維将
源高明
源雅信
維時
氏長者
明子
藤原道長
倫子
正度
坂東平氏の祖
直方
氏長者
頼宗
頼通
正衡
平時信
正盛
聖範
女
源頼義
時忠
忠盛
義家
藤原季範
時子
清盛
(三代略)
(二代略)
(四代略)
(四代略)
建春門院
滋子
初代執権
北条時政
義朝
女
⑳高倉
氏長者
二代執権
義時
政子
鎌倉将軍
頼朝
女
能保
兼実
氏長者
女
良経
以下、代々鎌倉幕府執権
冷泉隆房妻
氏長者
道家
㊹順徳后
立子
二代鎌倉将軍
頼家
隆衡
四代鎌倉将軍
竹御方(竹御所)
頼経
師忠養母
灑子
氏長者
良実
以下、代々氏長者
師忠

滅びたというならむしろ平清盛の子孫より源頼朝の子孫のほう……と言えるのだ。

もっとも頼朝自身はともかく、彼の同母姉妹に目を向けると権中納言藤原能保の妻となり男女を生み、とくに女子のほうは藤原氏の「氏長者」である良経の妻となってやはり氏長者となった道家や順徳院の中宮立子を生んでいる。四代鎌倉将軍として都から鎌倉に下った藤原頼経はこの道家の子で、系図を見れば分かるように、妻の竹御所と同じく頼朝の血縁であり、頼朝の父義朝の子孫なのである。頼朝の姉妹の系譜には摂政関白の正妻もいて、伊豆の流人だった頼朝と比べれば格段に繁栄していると言える。

〝腹〟が運命を左右する

女系をたどった平家の末裔を追った本としては、つとに角田文衛の『平家後抄』があり、私も影響を受けた。が、私がそもそも「女系図」に目覚めたのは、平家絡みではなく、平安時代の藤原道長の栄華を描いた歴史物語の『栄花物語』を読んでいた中高時代のことであった。

紫式部と同時代の赤染衛門が書いたといわれるこの本は、「誰と誰が結婚し、誰が生まれて、誰が死んだ」という貴族社会の動向やスキャンダルから成り立っていて、内容を頭に入れようとすると、おのずと系図を書かずにはいられないという具合だった。『大鏡』『愚管抄』『古事記』『日本書紀』などの歴史物はいずれも同様で、古典好きな私が大学で日本文学ではなく日本史学を専攻したのも、古典文学の物語としての面白さより、古典文学から当時の人の暮らしぶりや考え方を知る面白さのほうが私の中ではまさっていたからだ。それで、古典文学を読むために系図を作るというより、系図を作るために古典文学を読むようなことになっていた。

趣味が高じるあまり、大河ドラマを見てもギリシア神話を読んでも、飼い犬の血統書を見ても系図を作らずにはいられなくなり、一九九一年に出した『愛はひき目かぎ鼻』(NTT出版)では、その名もずばり「女系図」という一章を立て、滅亡したと言われる蘇我氏が実はまったく滅亡しておらず、藤原氏の系図は蘇我氏や源氏のそれにも書き換えられるということを、系図入りで説明した。そこに書いたことをここで繰り返せば、

「男側の系図で見るから、滅びたり滅ぼされたりする一族がいるのである。一転、視線を女の側に向けると、栄えているのは滅びたはずの一族だったりする」

とりわけ一夫多妻&生まれた子供は母方で育つ母系的な古代社会では、同じきょうだいでも「母」の地位や資産によって出世のスピードや命運が決まるのはもちろん、天皇

家の歴史もいかに母系の地位を獲得するかの権力闘争史として見ることができる。

蘇我氏が権勢を振るったのも、母方である物部氏の〝母《いろは》が財《ちから》〟ゆえ（『日本書紀』）であるし、『源氏物語』の主人公が〝光る〟源氏と称えられながら皇位につけなかったのも「母方の家柄次第で、同じミカドの皇子といってもそれぞれ身分の相違があらわれる」（〝母方からこそ、帝の御子もきはぎはにおはす〟）（「薄雲」巻）から、だった。

出てきた〝腹〟が子の運命を左右していたのだ。

「母系の力は絶大」で、時代をさかのぼると、「母が違えば他人同然」という状況があったからこそ、古代天皇家の血なまぐさい闘争も引き起こされた。

そうしたもろもろを、女系図で浮き彫りにしていくことで、見えなかった日本の権力地図を描けたら……。驚きの日本史を浮き彫りにできたら。そしてはじめて系図にはまったころに感じた、この人もあの人もつながる、滅びていない！　と分かったときの楽しさを蘇らせ、共有できたら、と思う。

第二講　天皇にはなぜ姓がないのか

女帝と易姓革命

女性天皇だの女系天皇だのについて考えていた時、「なぜ天皇には姓がないのだろう？」と気になったことがあった。それで調べたところ、天皇は姓を授ける側であって、名乗る側ではない、ということだった。

「もし天皇が姓を名乗ったら、『誰から賜姓されたのか』『天皇より上位の存在があるのか』ということになってしまうからである」（奥富敬之『名字の歴史学』）

といっても古代の姓は今の名字や姓とは違う。もともと古代の人たちは、地名や神にちなんだ名を名乗っていた。それが天皇家の先祖が王権を確立していく過程で、もともとあった名を氏《うじ》として追認したり、新たに命名することで、すべての氏名が天皇の支配下に入ることになった。

同じころ、臣《おみ》・連《むらじ》といった姓《かばね》ができて、蘇我《そがの》「臣《おみ》」、大伴《おおともの》「連《むらじ》」などと氏について、朝廷内での序列を表した。姓は身分を表す爵位のようなもの、梅原猛に言わせれば「一種のカースト制度」(『海人と天皇』)だったのだ。

姓の歴史は複雑で、そもそも姓を与える天皇の王権が確立した時期に諸説あり、数ある豪族の一つだったであろう天皇家の先祖に姓はあったのか、あったとしたらいつごろなくなったのか等々については、調べても定かなことは分からなかったが、一つ面白い説があった。

有史以来、常に日本がお手本にして、漢字や制度を取り入れてきた中国の革命はすべて易姓《えきせい》革命……つまりは姓の異なる一族が取って代わる……の繰り返しであった。ということは、革命を起こされぬためには「姓を持たなければいい」と、古代のいつかは分からぬものの、誰かが考えたのではないかというのだ(松本健一『「孟子」の革命思想と日本』)。

なるほど、姓の違う一族に乗っ取られないためには、姓などなければいいわけだ(ちなみに名字は氏姓制度が崩壊したのち、平安時代に生まれた通称で、名字は北条や梶原でも、氏=本姓は平といったぐあい)。

が、天皇家の歴史を調べると、天皇も姓を持ちそうになった危機がある。
それが七二九年八月、聖武天皇の夫人《ぶにん》だった藤原光明子が〝皇后《おほきさき》〟になった時だ。

史上初の藤原氏腹天皇

藤原氏が皇后になるなんて普通じゃない？　と、平安時代、藤原氏が天皇家の外戚として権勢を振るっていたことを知る人は思うかもしれない。

普通じゃない。

当時、天皇の妻は上から、皇后↓妃↓夫人↓嬪という序列があり、正妻である皇后は別格だった。皇后には皇位継承権があり、平安時代以前の六人八代の女性天皇（以下、女帝）のうち、推古・皇極（重祚して斉明）・持統といった最初の三人はすべて皇后出身だ。皇后は天皇になり得るわけで、だから当然のように皇族から選ばれていた。

そんな時代、臣下の藤原光明子が皇后になったのである。しかも将来の即位を見据えての立后であったことは、前年九月、光明子腹の皇太子が死んでいることからも分かる。

古代の天皇は三十歳過ぎで即位することが多い中、あとで触れるように藤原氏腹の初の天皇となる聖武は二十四で即位した上、母の異母妹である光明子をめとり、生まれた皇子は生後わずか三十三日という異例の幼さで立太子した。藤原氏がいかに一族から天皇を出すべく焦っていたかがうかがえる。

この皇太子が死んでしまったため、皇族や他の氏族出身の天皇を出したくない藤原氏は、臣下であるにもかかわらず、光明子の立后を急いだのだ。

長屋王《ながやのおおきみ》が讒言によって自殺させられたのはこうした動きに反発したためで、立后は、長屋王の死から半年後のことであった。

そして立后に際しては、異例の長い勅が発せられた。その中で臣下が皇后になる根拠として、先例に挙げられたのは〝葛城曾豆比古《かづらきのそつひこ》〟の娘〝伊波乃比売命《いはのひめのみこと》〟の存在だ。彼女は葛城氏出身ながら仁徳天皇の〝皇后《おほきさき》〟となったので、光明子の立后も〝今めづらかに新《あらた》しき政《まつりごと》には有らず〟というのだ（『続日本紀』天平元年八月二十四日条）。

実は仁徳の時代の葛城氏は皇族並みかそれ以上の家柄で（⇓第三講）、実質的に光明子は「史上初の臣下出身の皇后」なのだが、聖武天皇の時代から数えれば数百年も昔の例を持ち出さなくてはならぬほど、その立后には無理があった。

しかも皇后出身の女帝は、皇太子を経ずに即位するのが常だ。逆に言えば皇太子が決まらぬ時は女帝が誕生しやすいわけで、もしも皇太子不在という事態になって光明子が即位すれば、藤原氏が天皇になって、易姓革命が起きることになる。

光明子の立后はそんな革命の可能性を秘めていたわけだが、そもそも新興勢力の藤原氏が、はじめて天皇家に娘を入内させたのは、聖武の曾祖父天武の時に過ぎない。中大兄皇子（天智）と共に蘇我氏を倒し、藤原の姓を賜った中臣鎌足が、二人の娘を天武の後宮に送り込んだのが始まりだ。

「天皇」の称号が生まれたのもこのころで、それまでは「大王《おほきみ》」と呼ばれていた（天智、天武といった名も天皇の死後につけられた中国風の諡《おくりな》で、多くは八世紀後半に決められた。以下、煩雑さを避けるため、天皇の名は基本的に諡で呼ぶ）。

それが持統と手を組んだ藤原不比等（鎌足の子）の代になると、持統の孫の文武を、即位は三十以上が普通だった当時、十五で即位させ、娘の宮子を入内させたあげく、宮子の生んだ首皇子《おびとのみこ》を即位させる。これが歴史上初の藤原氏腹となる聖武天皇である。

この、聖武に至る道筋は、長い天皇の歴史の中でも異例づくし、「初○○」の連続だ（**表1**）。

系図1を見てほしい。

四十一代持統の次に即位した四十二代文武は草壁皇子の子である。天武の皇子たちが

表1　年　表

672	壬申の乱。大海人皇子(㊵天武)と妃の鸕野讃良皇女(㊶持統)、大友皇子(㊴弘文)を自害させる。	
673	天武即位。鸕野讃良皇女、皇后に。	
679.1	卑母拝礼の禁止の詔。	
679.5	天武と皇后、皇子たちに忠誠を誓わせる。	
681	草壁皇子、皇太子に。	
686.9	天武、没。皇后(持統)称制。	
686.10	大津皇子、謀反の疑いで自害させられる。	
689	草壁皇子、没。	
690	持統、46歳で即位。	
697.8.1	持統、生前退位。㊷文武、15歳で即位。 持統、太上天皇として執政。	太上天皇による初の執政(初院政)
697.8.20	藤原不比等の娘・宮子、文武の夫人に。	
701	藤原宮子、首皇子(㊺聖武)出産。	
701	藤原不比等ら『大宝律令』完成。令施行(律は702施行)。 父が諸王でも母が女帝なら、子は親王に。	
707	文武、没。㊸元明、47歳で即位。	皇后を経ない初の女帝
714	首皇子(聖武)、皇太子に。	
715	元明、生前退位。 ㊹元正(父は草壁皇子、母は元明)、36歳で即位。	初の独身女帝(女系天皇?)
718	藤原不比等の娘・光明子、 阿倍内親王(㊻孝謙・㊽称徳)を出産。	
718	藤原不比等ら『養老律令』編纂(757施行)。 父が諸王でも母が女帝なら、子は親王に。	
719	皇太子首皇子(聖武)、初執政。	
724	元正、生前退位。聖武、24歳で即位。	初の藤原氏腹の天皇
727.9	藤原光明子、皇子出産。	
727.11	藤原光明子腹の皇子、生後33日目で皇太子に。	
728.9	藤原光明子腹の皇子、没。	
728	県犬養宿禰広刀自、安積親王を出産。	
729.2	長屋王、自害させられる。	
729.8	聖武の夫人・藤原光明子、皇后に。	初の藤原氏の皇后 (人臣皇后は仁徳皇后のイハノヒメ以来)
737	藤原宮子、36年ぶりに我が子・聖武に対面。	
738	阿倍内親王、皇太子に。	初(唯一)の女性皇太子
744	安積親王、17歳で死去(毒殺説あり)。	
749	聖武、生前退位。孝謙、32歳で即位。	
758	孝謙、生前退位。㊼淳仁、26歳で即位。	
764	孝謙太上天皇、淳仁を退位させ淡路に幽閉(翌年没)、 重祚(称徳)、皇太子を定めぬと宣命。	
766	称徳、弓削道鏡を法王に。	初(唯一)の人臣法王
769	称徳、弓削道鏡を天皇にしようとして失敗。	

系図1　臣下初の皇后・光明子
『日本書紀』『続日本紀』等による

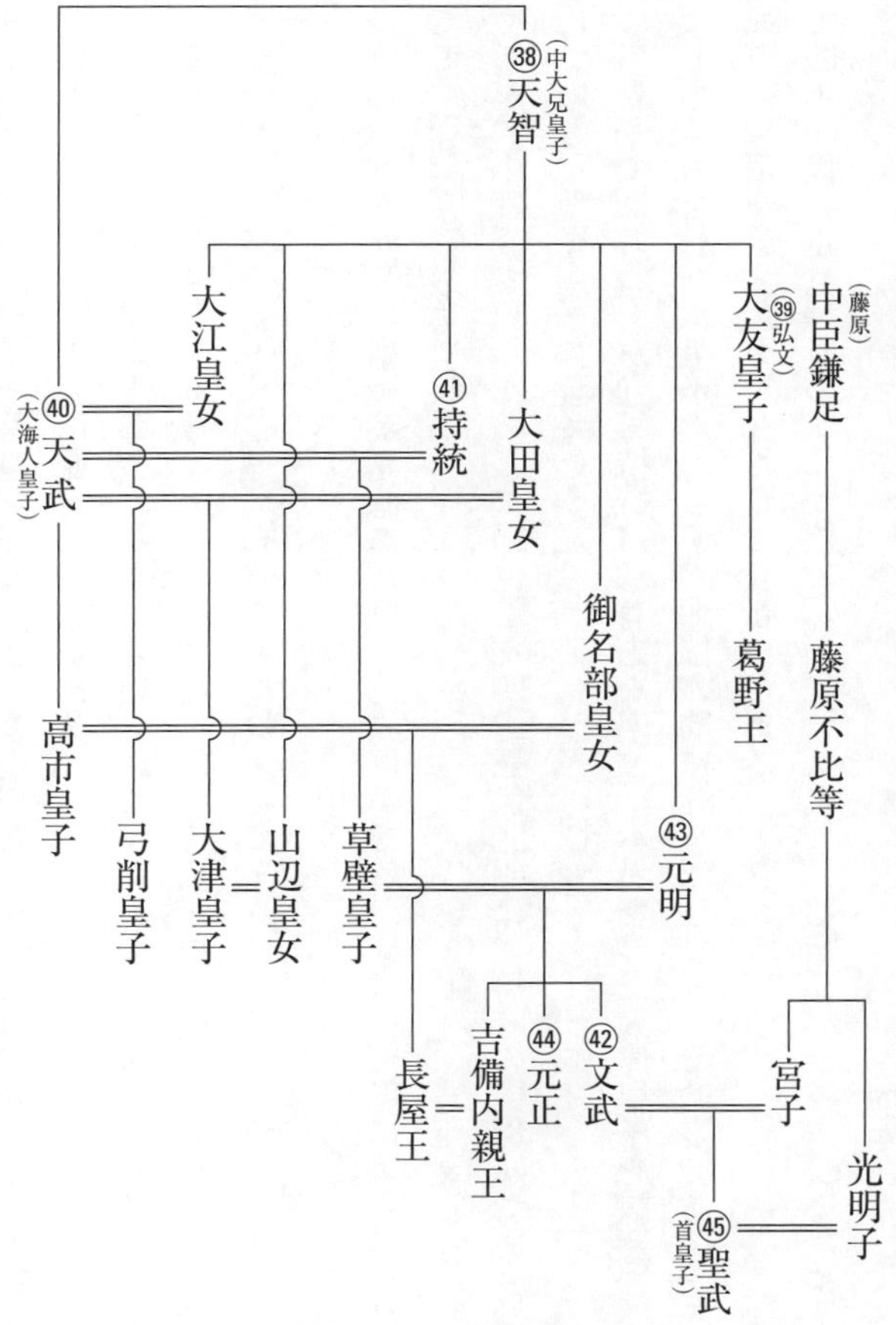

まだ生きている中での即位で、弓削《ゆげの》皇子など反対勢力があったことは日本最古の漢詩集『懐風藻』（七五一）の葛野《かどの》王の伝記からうかがえる。

この時、持統は太上天皇（上皇）となり、若い文武に代わって政務をとった。太上天皇はもともと退位した天皇の称号に過ぎなかったのが、持統の強い意志によって、天皇と同等の地位を持つと『大宝令』『養老令』に定めたのである（新日本古典文学大系『続日本紀』一 補注）。

生前譲位はやはり女帝の皇極が孝徳に譲位した先例があるが、太上天皇による執政ははじめてで、「初院政」と言える。

この文武が二十五歳で死んだあとに即位した四十三代元明は、持統の異母妹であり、文武の母であり、草壁皇子の妻であった。

草壁は皇太子ではあったが、母持統が、有力な皇位継承者だった大津皇子を謀反の罪で殺すなどの苦労をしたにもかかわらず、即位の前に死んでしまう。その妻であった元明はつまり「皇后を経ずに即位した初の女帝」である。

そして四十四代元正は独身のまま即位。「初の独身女帝」の誕生だ。

が……。

彼女の父は草壁皇子であり、天皇ではない。けれど母は元明というわけで、明らかにこの母の娘であるため、即位した形である。

これって「女系天皇」ではないのか？

そして日本の天皇は、父から子へと継承される男系天皇であって、母から子へと継承される女系天皇は、存在しなかったとされているのではなかったか？

女系天皇を許容する古代法

実は当時の日本では、女系天皇を許容しているというか、その可能性を法で認めている。

『養老律令』（七一八編纂、七五七施行）の「継嗣令《けいしりょう》」冒頭には、

〝凡そ皇《わう》の兄弟、皇子をば、皆親王と為《せ》よ〟

とあり、本条の本注として、

〝女帝《にょたい》の子も亦同じ〟

とある。〝皇〟は天皇のことで、〝兄弟、皇子〟は姉妹皇女、〝親王〟は内親王も含む。

「天皇の兄弟姉妹や皇子皇女は皆、親王・内親王とせよ。女帝の子も同じく親王・内親

王にせよ」

というのだ。〃女帝の子も亦同じ〃というのは、『養老律令』の注釈書『令集解《りょうのしゅうげ》』巻十七（九世紀後半）に引用された『古記』の解説によれば、

「父親が諸王（親王宣下のない皇子・皇孫）であっても、母親が女帝なら、生まれた子はそれでも親王になる」（〃謂父雖諸王猶為親王〃）

という意味だ。

『古記』は失われた『大宝律令』（七〇一成立・令施行、七〇二律施行）の注釈書で、散逸したものの、『令集解』に引用されることで『大宝律令』の復元の手がかりになっている。

これによって、この条文と本注が七〇一年の『大宝律令』にも存在していたことが分かる。

古代法では、女帝に夫はもちろん、子がいることが前提となっている。

しかも、父が〃諸王〃でも、母である女帝の血筋を重んじて、その子や兄弟姉妹は親王にせよと規定している。

この令の存在に気づかされたのは、「天皇にはなぜ姓がないのか」を調べているうち

出会った中村友一の『日本古代の氏姓制』がきっかけで、「本条はいわゆる『女帝論』や『皇統論』における重要な史料性を帯びている」「これらの議論において今後必ず本条が参照されるべき」

という中村氏の意見に賛成だ。

一方で、この法律が、時の権力者の思惑と無関係ではないことにも注意すべきだろう。『大宝律令』は『養老律令』と同じく、藤原不比等が編纂に関わっている。『大宝律令』の完成した七〇一年といえば、史上初の藤原氏腹の天皇となる聖武が生まれた年だ。彼が即位にふさわしい年齢になるまで、「法律から変えていこう」と不比等が考えたのが、この継嗣令ではなかったか。

親王になるということは、強い皇位継承権を持つということで、天皇の地位に近づくということだ。

女帝の兄弟姉妹も子も、男帝の場合と同様、親王になるということは、女帝の兄弟姉妹や子も天皇の地位に近づくということだ。

藤原氏に敵対する有力氏族出身の王族の即位を避けるため、天皇の皇后でなくても、不比等と手を組んだ持統女帝の妹であれば即位できるようにしよう、そうして即位した元明のあとは、その娘（元正）も即位できるようにして、藤原氏腹の皇子（聖武）の成長を待つ。

古代法の女帝の規定は、一つにはその準備のために作られたはずだ。

〝卑母〟を拝むな

権勢に都合よく法や詔が発せられるのは、七〇一年の『大宝律令』に始まったことではない。天武天皇の八年（六七九）正月七日には、

「諸王はたとえ自分の母親であっても、王の名を称する者でなければ、拝礼してはいけない。諸臣もまた〝卑母〟に拝礼してはならない。正月に限らずこれに従え。もし違反する者があれば罰する」という詔が出された（『日本書紀』）。

時は正月、父母にも年始の挨拶をする。そのタイミングを見計らっての命令で、母の身分が低ければ敬礼してはならぬ、正月に限らずふだんからそうせよという衝撃的な内容だ。その四ヶ月後、天武と皇后（持統）は皇子たちを集め、同腹・異腹にかかわらず天皇に逆らわぬという誓いを立てさせた。この誓約が卑母拝礼の禁止の直後に行われた意味について、倉本一宏は、

「この時点で成人していた天智・天武の皇子のうち、卑母から生まれた高市皇子・忍壁皇子・川島皇子・施基皇子の四人」を「皇位継承から除外するというもの」（『持統女帝と皇位継承』）

と指摘しているが、同感だ。

初の藤原氏腹の天皇となる首皇子（聖武）が皇太子となったのはそれから三十五年後の七一四年のことだ。この聖武の母藤原宮子が〝卑母〟の可能性がある（系図2）。

宮子は不比等と賀茂比売とのあいだに生まれた娘で、賀茂氏は神につながる名門だが、道成寺に伝わる『道成寺宮子姫伝記』（一八二一）によると、実は海人の子で不比等の養女となって入内したという（梅原猛『海人と天皇』）。

そのまま鵜呑みにできないとはいえ、宮子が首皇子を生んだ時は〝是の年、夫人藤原氏に、皇子《みこ》誕《あれま》す〟（『続日本紀』大宝元年）と、あっさり書かれるに過ぎず、誕生日すら記されない。これは、光明子の生んだ皇子の誕生日が記され、生後三十三日目に立太子したのと対照的だ。

しかも首皇子の立太子の前年には、石川氏と紀氏という文武の二人の妻たちが〝嬪〟の称号を剝奪され、文武から遠ざけられている。石川氏は名族蘇我の流れをくみ、紀氏もまた蘇我氏と同じく、孝元天皇の子孫と伝えられる武内（建内）宿禰の末裔だ。そんな彼女らが排除されたのは、宮子の生んだ皇子が皇太子になる前に、宮子にまさる身分の女に皇子を生まれては困るからではないか。宮子は〝夫人〟で、〝嬪〟の二人より序列が上とはいえ、『続日本紀』の六九七年の記事では、二人を〝夫人〟の上の〝妃〟としている（文武天皇元年八月二十日条）。これは〝嬪〟の誤記とも、そもそも当時はまだ妃・夫人・嬪などの区別は存在しなかったなど諸説あるものの、二人の身分が宮子より下なら、わざわざ追放する必要はない。

宮子は聖武出産後、〝幽憂《いうい　う》に沈み〟、久しく通常の生活ができなかったため、聖武に一度も会っていなかったのが、僧玄昉《げんぼう》の働きで実に三十六年ぶりに再会したことから見ても（『続日本紀』天平九年十二月二十七日条）、彼女が天皇家に適応できない何らかの事情があったことがうかがえる。

女性皇太子の誕生

「史上初の藤原氏腹の天皇」である聖武の妻で、「史上初に近い臣下出身の皇后」光明子は、その後、皇子を生まなかった。

系図2　文武と聖武の妻子
『続日本紀』等による

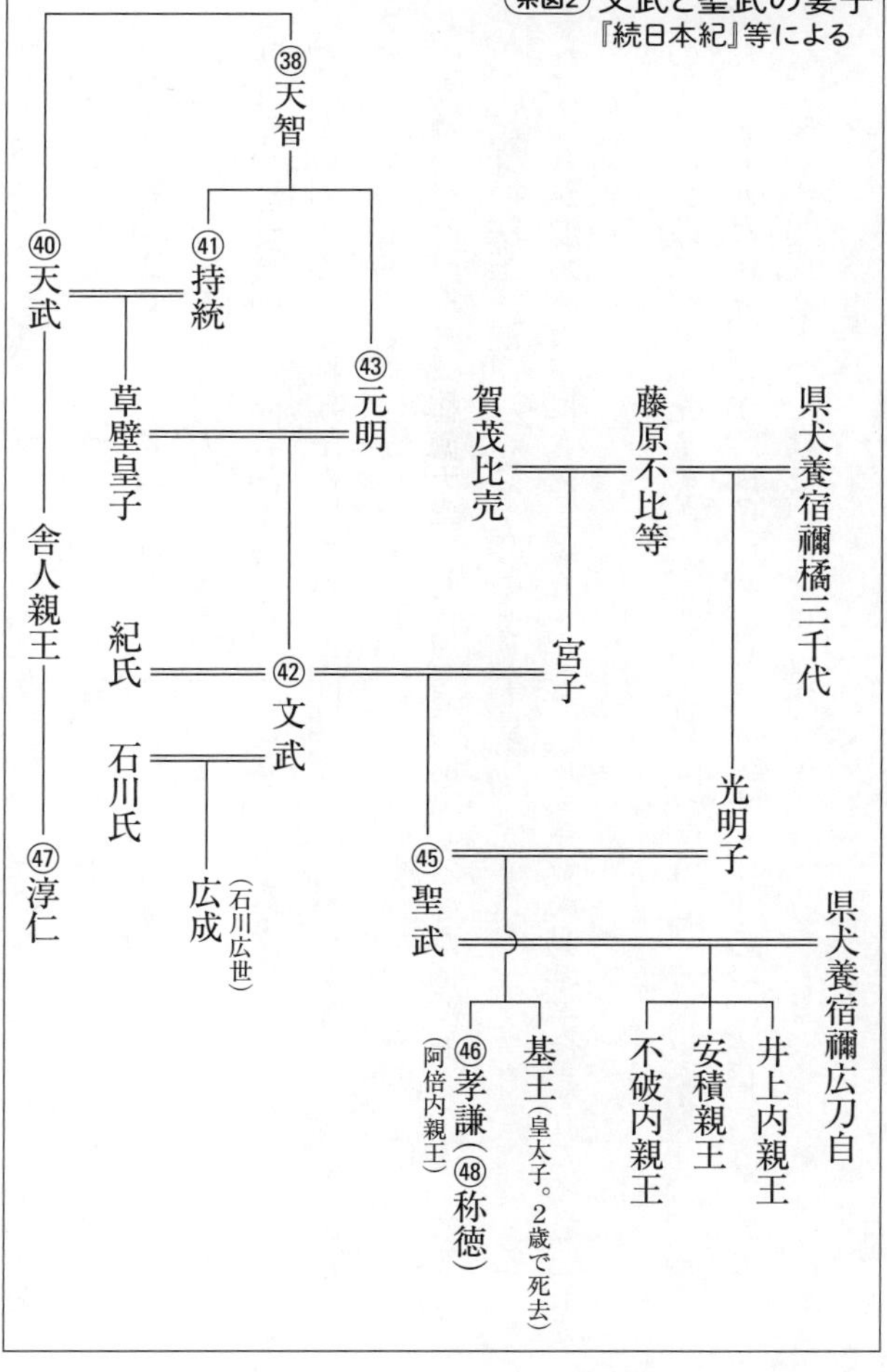

とはいえ、「臣下出身の初女帝」の誕生にならなかったのは、七一八年に生まれた阿倍内親王が無事成長していたからで、七三八年、三十八歳となった光明皇后にこれ以上の出産は望めないということになったのだろう、阿倍内親王が皇太子となる。「史上初にして唯一の女性皇太子」の誕生だ。

七四九年、彼女は即位。四十六代孝謙天皇である。ちなみに聖武にはほかに、県犬《あがたいぬ》養宿禰広刀自《かいのすくねひろとじ》が生んだ安積親王《あさかのみこ》がいたが、七四四年、十七歳で死んでおり、藤原氏に毒殺されたという説もある。

この孝謙天皇は、重祚（称徳天皇）したあと、寵愛する弓削道鏡を「史上初にして唯一の臣下出身の法王（法皇）」にしたことで名高い。それればかりか道鏡を天皇にさえしようとした。正真正銘の易姓革命を起こそうとしたのだ。

その試みは失敗に終わったものの、臣下を即位させようという彼女の発想は、今までの流れ、とりわけ母光明子が、即位の可能性を見据え、臣下の身で皇后になったことを思えば、決して突飛なものではないことが分かる。

第三講　なぜ京都が都になったのか

蓮舫議員が二重国籍を持っていたことが話題になったが、山城国（京都府南部）に都を遷した桓武天皇の王朝は、今で言えば蓮舫議員のような人（もちろん厳密にいうと違うが）、渡来人であふれていた。

「渡来人の里」だった京都

渡来人とは、主に朝鮮半島や中国から日本に移住した人々で、七世紀の畿内の人口の「ほぼ三〇パーセントが渡来人」（井上満郎『古代の日本と渡来人』）という。ここでいう渡来人は日本に渡って来た人の子孫を含めた渡来系氏族を指す（以下同）。四十人のクラスであれば十二人がこうした渡来人だったわけである。

朝鮮半島と日本の関係は古く、『日本書紀』によれば、神功皇后が〃新羅〃を破った際、〃高麗《こま》〃（高句麗）と〃百済《くだら》〃の二国も朝貢を始めたといい、とりわけ百済からは多くの技術者や物資が渡来したと記されている。それが三世紀半ばのことだ。

さらに五世紀後半、秦の始皇帝の末裔と称する秦氏《はた》が嵯峨野・太秦周辺に居住。七世紀後半、百済と高句麗が滅亡すると、とりわけ日本と深い関係にあった百済からの亡命者が大挙して渡ってきた。

そんな渡来人が多く住んでいたのが京都で、今でこそ日本古来の伝統の町というイメージのある京都だが、かつては、「山城国一帯が、渡来人の里だったといってもよい」(井上満郎『平安京の風景』)という。

天皇の御所である大内裏自体、渡来人の秦河勝《はたのかわかつ》の邸宅だったという伝承もあり、中世の百科事典『拾芥抄《しゅうがいしょう》』は〝或記ニ云〟として、〝大内裏ハ秦ノ川勝カ宅〟(中 第十九宮城部)とする。左近の桜や右近の橘も秦氏の邸宅にあったもので、桜はもとは梅だったという。

秦河勝は聖徳太子に仕え、物部守屋討伐にも従軍したといわれる。大内裏が彼の邸宅であったかどうかはともかく、広隆寺、伏見稲荷、松尾大社など、秦氏の関わる寺社は京都に多い。

桓武はそんな京都に長岡京を造営、七八四年に遷都した。この造営も渡来人と関わりが深く、トップの藤原種継の母は秦氏であった。ところが翌年、彼が遷都反対派に殺され、関与したとされた早良親王が皇太子をおろされて絶食死。主としてその祟りを恐れ、七九四年の平安京遷都となったのである。

天皇の生母は百済王族の末裔

長岡京といい平安京といい、桓武はなぜ渡来人の街に都を遷したのか。

最大の理由は、桓武の母が渡来人だからだ。

そしてそのことが、桓武が旧都・奈良から離れた山城国に遷都した理由につながってくる。

そもそも桓武には「父光仁天皇が新王朝をつくりあげたという意識」があった（佐藤宗諄「長岡京廃都と平安新京」中山修一編『よみがえる長岡京』所収）。

つまりは王朝交替意識である。

光仁は天武系の血を引く旧王朝には属さぬ上、皇位継承者の候補から外れていた。そんな父のもとに生まれた桓武も、父が即位するまで親王宣下も行われない諸王の一人で、母は〝和氏《やまとのうぢ》〟という百済の王族の末裔だ（彼女は光仁即位後〝高野朝臣〟となり、諱《いみな》を〝新笠《にひかさ》〟という）。

身分の低い、いわゆる「卑母」腹の桓武は、鎌倉初期の『水鏡』によれば、

〝御母賤《いや》しくおはす〟

という理由で立太子を反対されたのを、藤原百川のごり押しで皇太子になったといういきさつがあった。

そんな桓武は、父の作った新王朝を、血の力でなく、天命によって引き継いだという意識があった（水谷千秋『謎の渡来人　秦氏』など）。その意識が、旧勢力の及ばぬ新天地に新しい都を作ろうという気持ちにつながったのだ。

しかも彼は母方の渡来人の血へのこだわりがあり、母の死から二ヶ月後の七九〇年二月、わざわざ、

〝百済王等《くだらのこにきしたち》は朕《わ》が外戚《ぐわいせき》なり〟（『続日本紀』延暦九年二月二十七日条）

と詔して、百済王氏数人に加階している。百済王氏とは、百済滅亡後、日本に亡命、持統天皇の時、その氏名を賜った人々だ。

桓武によって征夷大将軍に任ぜられた坂上田村麻呂も、その父苅田麻呂によれば、

"後漢霊帝《ごかんれいてい》の曾孫阿智王《あちわう》の後《すゑ》"（同延暦四年六月十日条）

という。こちらの真実性には疑問もあるが、渡来人であるのは確かだろう。

このように渡来人を重用した桓武は、渡来人を妻に迎えてもいる。

桓武の妻は系図には書き切れないほど多く、『本朝皇胤紹運録』で数えると子を生んだ妻だけでも二十一人もいて（他の本だと二十六人だったりする）、**系図1**に記したのは一部に過ぎない。妻の多さという点では、あとで触れる継体天皇に通じるものがあり（同九人）、自分の代で新たな血脈を増やそうという新王朝の自覚がここからもうかがえる。

系図1で注目すべきは、母親と同じ百済系や、漢氏系の坂上氏の娘など、渡来人の妻が六人もいることだ。

百済永継もその一人で、彼女はもともと藤原内麻呂の妻として、真夏や冬嗣を生んでいる。それが女官として仕えるうちに桓武に愛されて皇子（良岑安世《よしみねのやすよ》）を生む。歌人の僧正遍昭はその息子だ。内麻呂との子の冬嗣は藤原道長の先祖に当たる。冬嗣も僧正遍昭も百済系の血が流れているわけで、紫式部の主人筋で愛人でもあった道長にもその血は受け継がれている。

系図1 桓武天皇の母方と妻『続日本紀』『日本後紀』『尊卑分脈』
『本朝皇胤紹運録』による

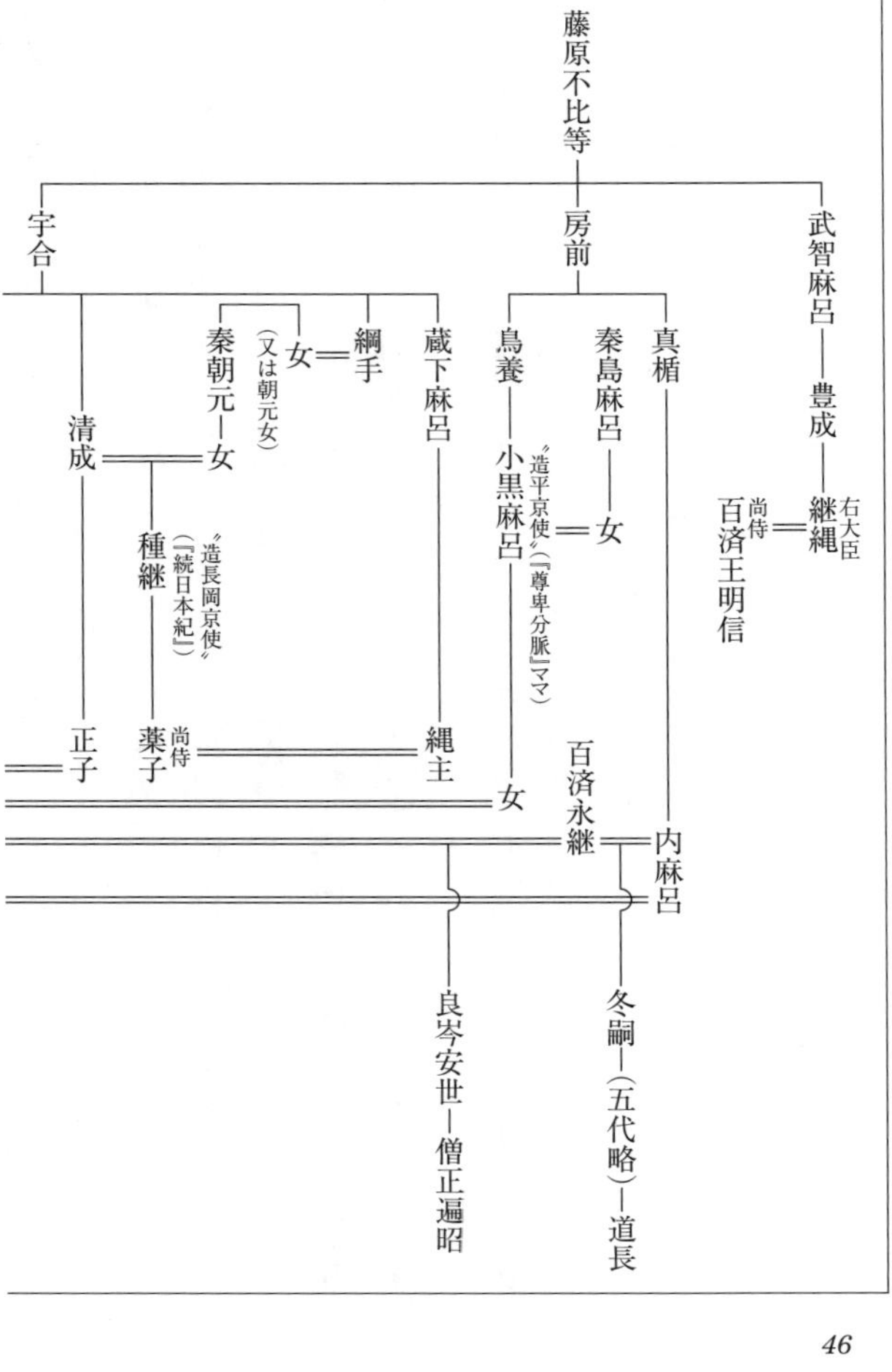

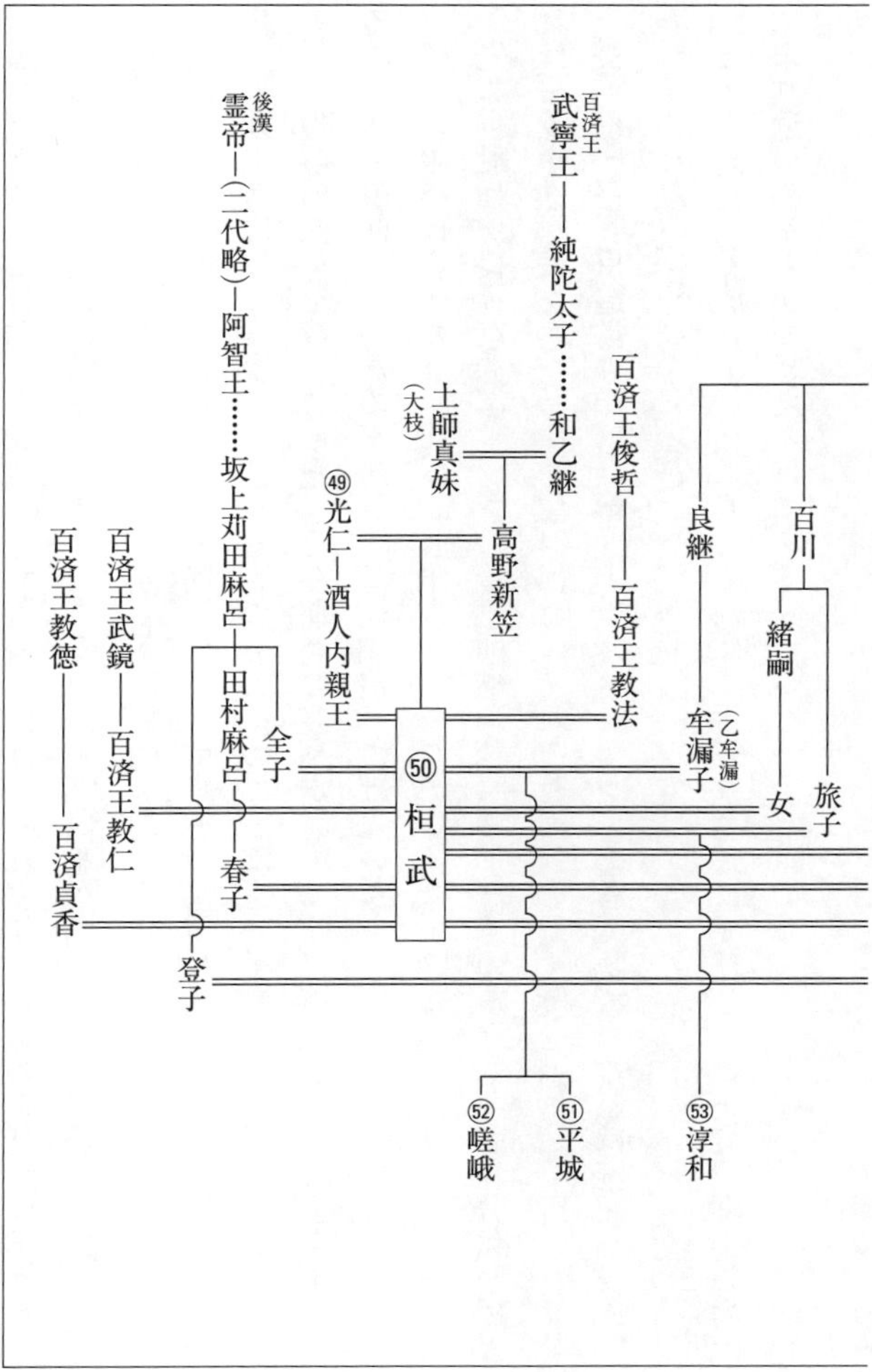
後漢
霊帝
(二代略)
阿智王
坂上苅田麻呂
田村麻呂
全子
春子
登子
百済王
武寧王
純陀太子
和乙継
土師真妹
(大枝)
高野新笠
㊾光仁
酒人内親王
百済王俊哲
百済王教法
百済王教徳
百済貞香
百済王武鏡
百済王教仁
㊿桓武
良継
牟漏子
(乙牟漏)
百川
緒嗣
女
旅子
52嵯峨
51平城
53淳和

唐に滅ぼされて日本に亡命してきた百済王氏は、それまでも日本の朝廷で尊重されていたものの、桓武が、藤原継縄の妻である百済王明信を重用して以来、急に天皇個人との関係が深まったらしい（井上満郎『古代の日本と渡来人』）。

百済王明信は内侍司《ないしのつかさ》の長官である尚侍《ないしのかみ》になっている。尚侍は、八一〇年に藤原薬子の変（平城上皇復位の陰謀）が起きるまで、天皇のことばを一手に伝え、男の大臣にまさるとも劣らぬ権勢を持っていた。そんな女の最高ポストに〝百済〟という外国名を冠する渡来人が就任していたのだから、蓮舫顔負けではないか。

権力の中枢にあった藤原氏も、渡来人を妻にしている（系図1）。

先にも触れた長岡京造営トップの藤原種継（藤原薬子はその娘だ）、『尊卑分脈』によれば平安京造営使だった藤原小黒麻呂は、それぞれ秦氏の母や妻を持つ。

「長岡京・平安京造営の領導は秦氏とコネクションのある人物でなければ務まらなかった」（水谷千秋『謎の渡来人 秦氏』）

という意見に賛成だ。秦氏にしてみれば、平安京誘致に成功したことで、権力の中枢により近づくことができたわけである。

妻子のおかげで即位できたミカド

平安遷都の理由は多々あれど、女系図的には、桓武の母が渡来人だったため、その本拠地を選んだ、と言える。

そもそも桓武の父の光仁天皇が六十二歳の高齢で皇位についたのも、女系図的な理由からだ。

白壁王（光仁）は、有力な外戚もない諸王に過ぎなかった。系図からしてもそれまでの皇統から外れている（系図2）。それがなぜ即位できたかというと、孝謙（称徳）天皇の在位中に、道祖王や塩焼王、不破内親王といっためぼしい皇太子や皇太子候補が殺されたり配流されたりしてしまい、天皇のなり手がいなかったということもあるが、決め手は妻の井上内親王が聖武天皇の皇女であり、他戸親王《おさべのみこ》という皇子を生んでいたからだ。つまりは旧王朝につながる妻子がいたためだ。

光仁は妻子のおかげで天皇になれたわけで、他戸親王が即位するまでのいわば中継ぎとして即位したのである。

天皇家では、こんなふうに「女系ゆえに即位する」あるいは「即位してから女系によって王権を強化する」ということがそれまでも行われていた。

有名なのが継体天皇（大王）だ（天皇の称号は天武のころ始まり、それまでは大王。皇后は大后。天智、天武といった呼び名も死後の漢風諡で、八世紀後半に決められたが、煩雑になるので諡で呼ぶ）。

応神の五代の末という天皇（大王）の血の薄い継体は、越前から迎えられたものの、すぐには大和に入れず、二十年近くも河内にとどまったことで有名だ。

そんな彼と安閑・宣化といった息子の二人は、旧王朝の仁賢の皇女たちを、三代にわたって皇后にした（系図3）。

これによってやっと彼らは豪族たちに天皇（大王）と認められたわけだ。

雄略も似たケースである。

『古事記』によると彼は、当時の最高権力者だった葛城氏のツブラノ大臣《おおおみ》（『日本書紀』など他書と漢字が異なる人物名は片仮名にする。以下同）、二人の兄やいとこのイチヘノオシハノ王といった天皇（大王）候補たちを殺して即位した（系図4）。とりわけイチヘノオシハノ王は『播磨国風土記』には〝市辺天皇命〟と記されており（美嚢郡条）、歴代天皇の確定以前には天皇（大王）と見なされていた。そんな王を殺して即位した雄略の王位が危ういものであったろうことは『古事記』『日本書紀』に見える葛城の神と

系図2　光仁天皇と妻子　『古事記』『日本書紀』『続日本紀』等による

× 刑死（自死含む）や流罪にあった者

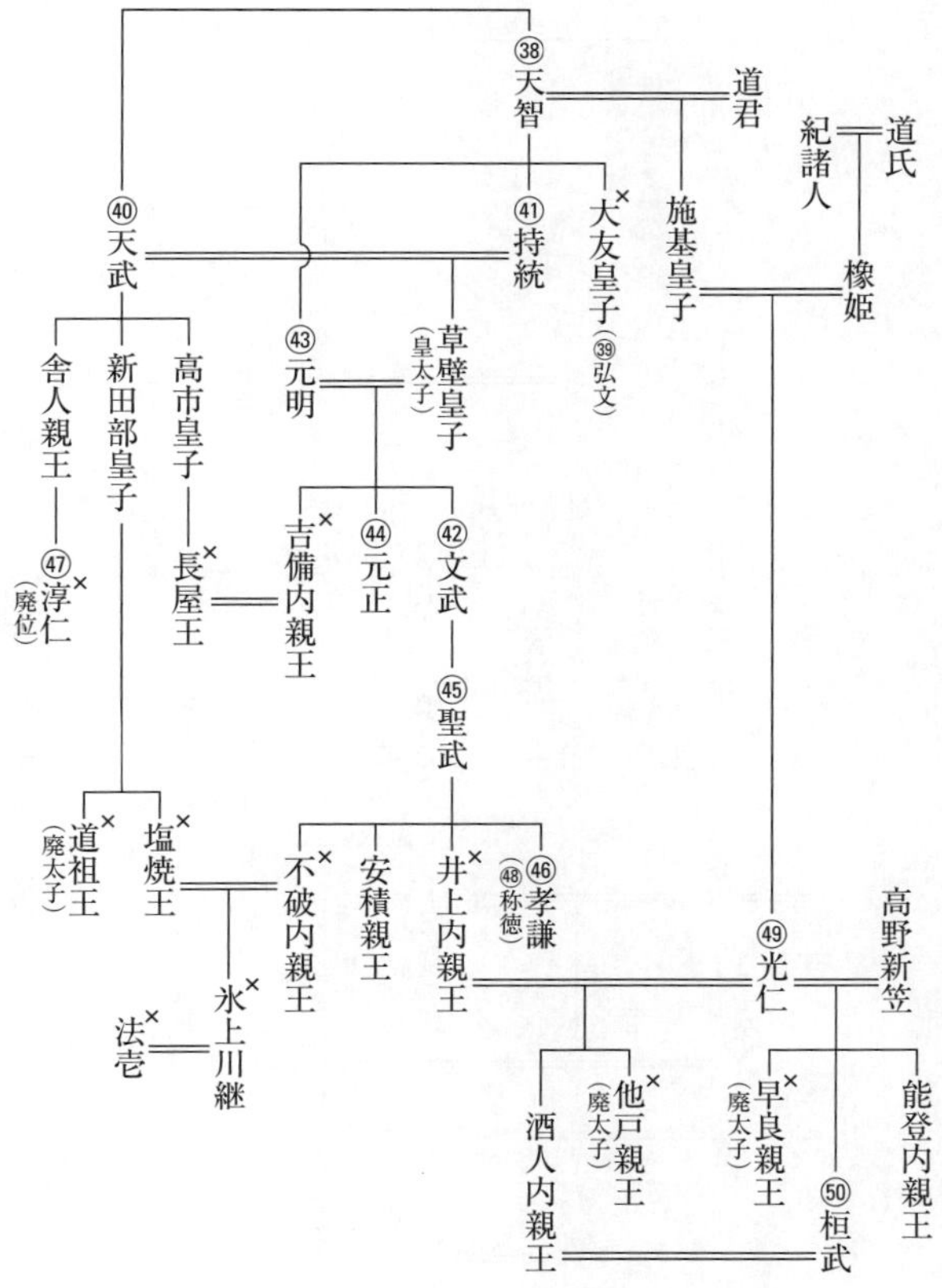

系図3 継体天皇の系譜と妻

主に『日本書紀』による

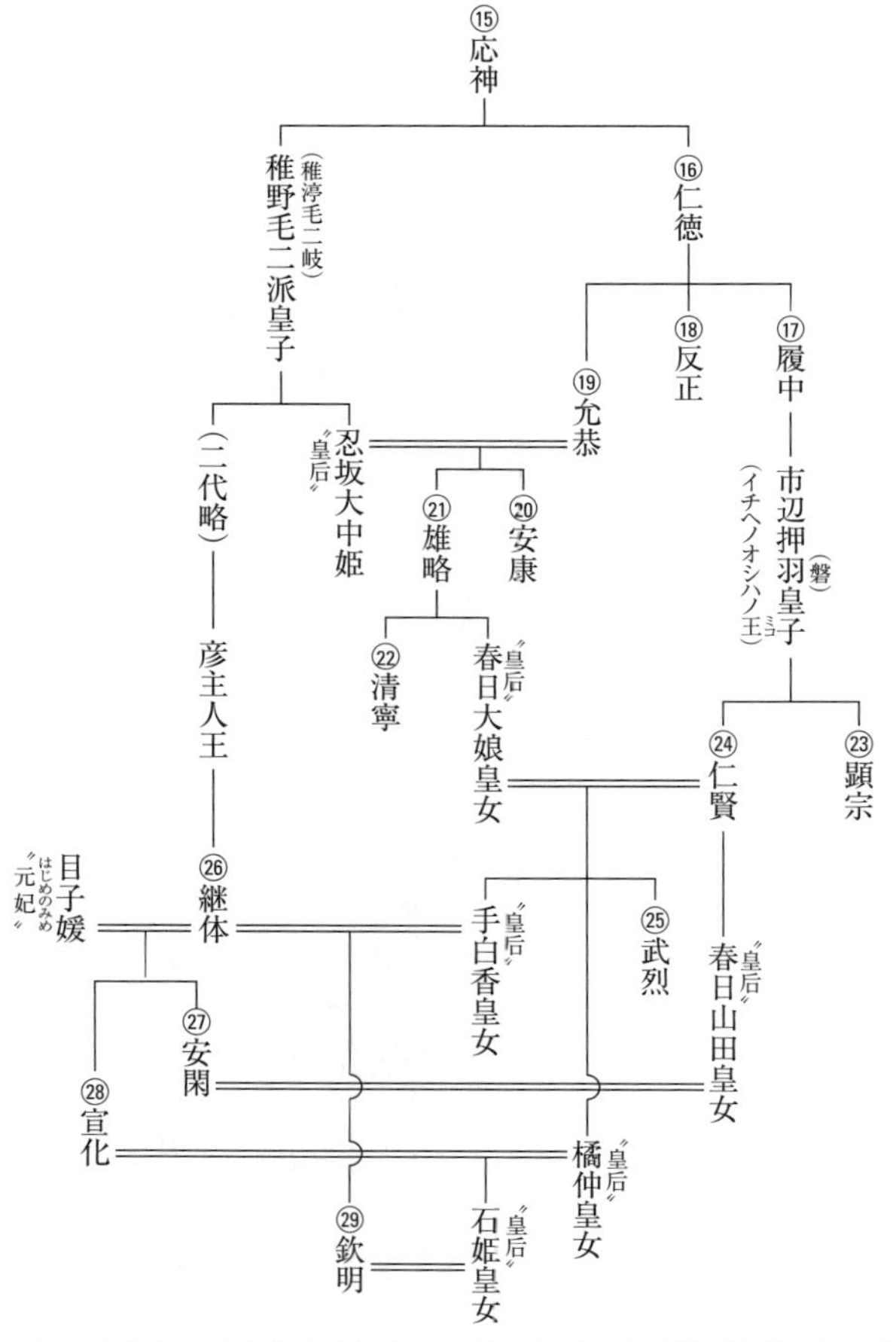

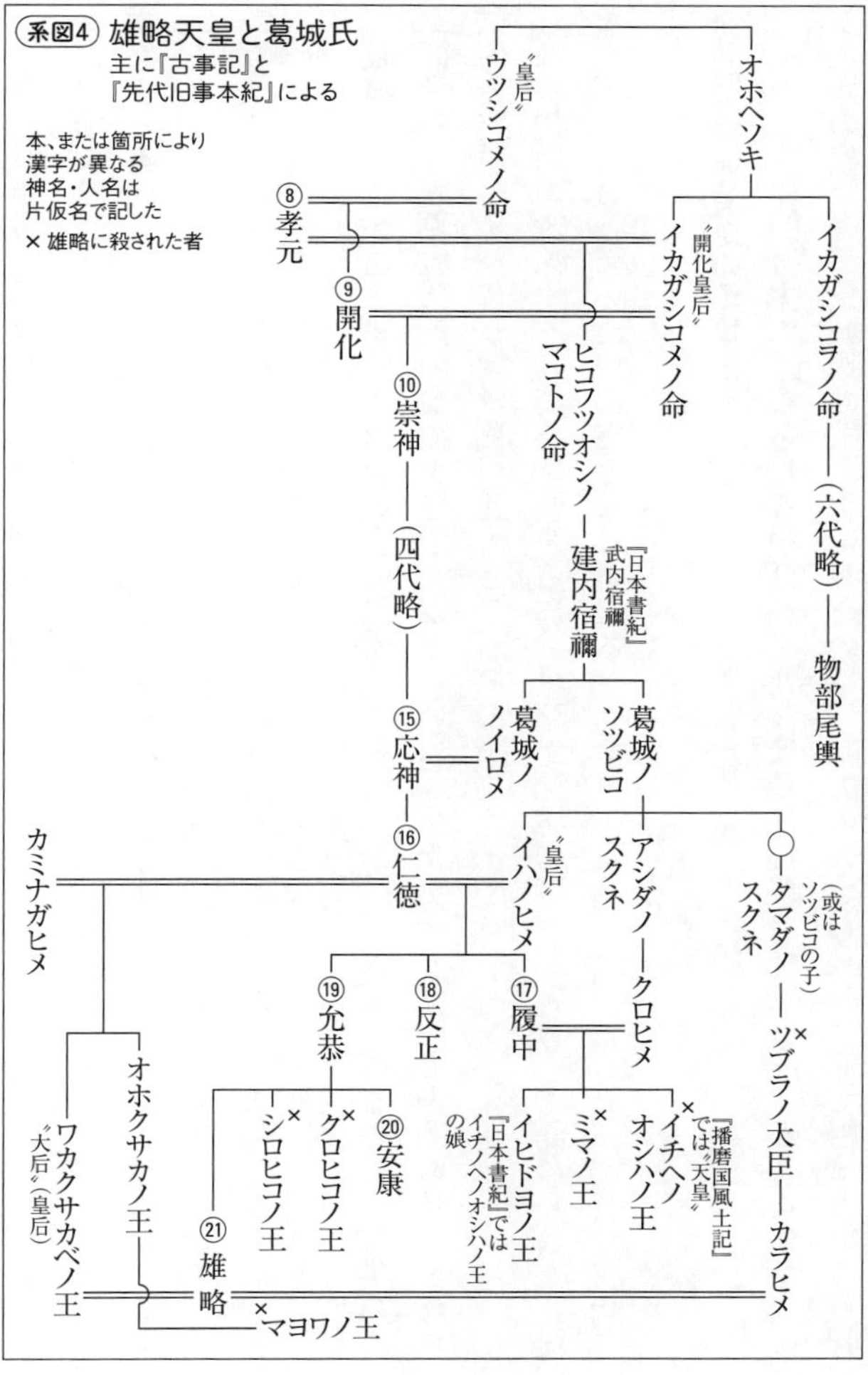

系図4　雄略天皇と葛城氏
主に『古事記』と『先代旧事本紀』による

本、または箇所により漢字が異なる神名・人名は片仮名で記した
× 雄略に殺された者

のやり取りからも浮き彫りになる。

彼は葛城山で天皇の行幸とまるで同じ、供の人々の服装も人数もそっくりな人に遭遇。激怒するものの、相手が〝葛城之一言主之大神〟（『日本書紀』では〝一事主神〟）と分かると一転、大刀を外し、供の人々の服を脱がせ、拝んで献上した。『日本書紀』の同様の説話では、共に狩を楽しみ、それを見た人は〝徳有る天皇也〟と雄略を褒めた、という。

〝葛城之一言主之大神〟とは葛城氏の信奉する神で、当時、天皇家にまさるとも劣らぬ家柄であった葛城氏そのものを指すとみていい（藤原光明子の立后で先例に挙げられた仁徳の皇后のイハノヒメは葛城氏である⇒第二講）。

この説話の意味するところは要するに、雄略が葛城の神＝葛城氏にも認められた正統な大王であると言いたいのだと私は考える。

流動的だった天皇の地位

そのように旧勢力に認められる説話が必要なほど、雄略の地位は危うかったのだ。彼が仁徳の皇女や、葛城氏の娘を妻にしたのは、敵方の女を戦利品として得るという意味もさることながら、旧権力の血をフォローすることで、豪族たちを納得させる意味が強かったと思う。

天皇というと現代人は絶対的なものと考えがちだが、〃大王〃と呼ばれていた天武以前の彼らの地位は流動的だ。『古事記』『日本書紀』（以下、記紀）では天皇とされない人物も、古くからの伝承を伝える『風土記』では天皇とされていたりする。先のイチヘノオシハノ王のほか、神功皇后、ヤマトタケルノ命、仁徳天皇と皇位を譲り合って自殺したと『日本書紀』には記されるウヂノワキイラツコも、『風土記』では〃天皇〃だ。平安時代の書ではあるが『扶桑略記』ではイチヘノオシハノ王の姉妹（『日本書紀』顕宗即位前紀では娘）のイヒドヨノ王も〃天皇〃と記されている。逆にいうと記紀では天皇とされていても、彼らの生存当時、王権が認められていたとは限らない。記紀は当時の天皇家に都合良く書かれた歴史書に過ぎず、そこに記された過去の天皇（大王）は、必ずしものちの天皇のように揺るぎない王権を持っていたわけではないのだ。

ともすると揺らぎがちな王権を少しでも強化するための手段の一つが旧王朝・旧勢力の女との結婚で、これとはややニュアンスが違うものの、敏達の皇后だった炊屋姫《かしきやひめ》（のちの推古）を穴穂部皇子《あなほべのみこ》が犯そうとしたのも（『日本書紀』用明天皇元年五月条）、それが皇位への早道だったからである（系図5）。

古代天皇（大王）家は、女系図で皇統をつないでいた。

奈良朝最後の天皇である光仁は、そんな古代天皇家の伝統にのっとり、女系図的に即位できたわけだが。七七二年、光仁を天皇に押し上げたほかならぬ井上内親王が、夫を呪詛したという罪で皇后の地位を廃され、他戸親王もその息子ということで皇太子を廃されてしまう。二人は三年後、同日に死ぬ。おそらく殺されたのだろう。一連の事件は、桓武の即位を目論んだ藤原百川の陰謀というのが定説だ。

古代天皇・豪族を支えた母方の力

古代の天皇（大王）は、桓武に限らず、母方を強く意識していることが多い。

推古天皇が、叔父の蘇我馬子に朝廷領である葛城県《かづらきのあがた》を請われた時、

〝朕《われ》は蘇何《そが》より出《い》でたり〟（『日本書紀』推古天皇三十二年十月条）

と言ったのもその例だ。

葛城県はもとは葛城氏の土地で、雄略に攻められたツブラノ大臣が、娘と共に献上して以来、朝廷領となっていた。推古は結局、叔父である馬子の申し出を断るとはいえ、

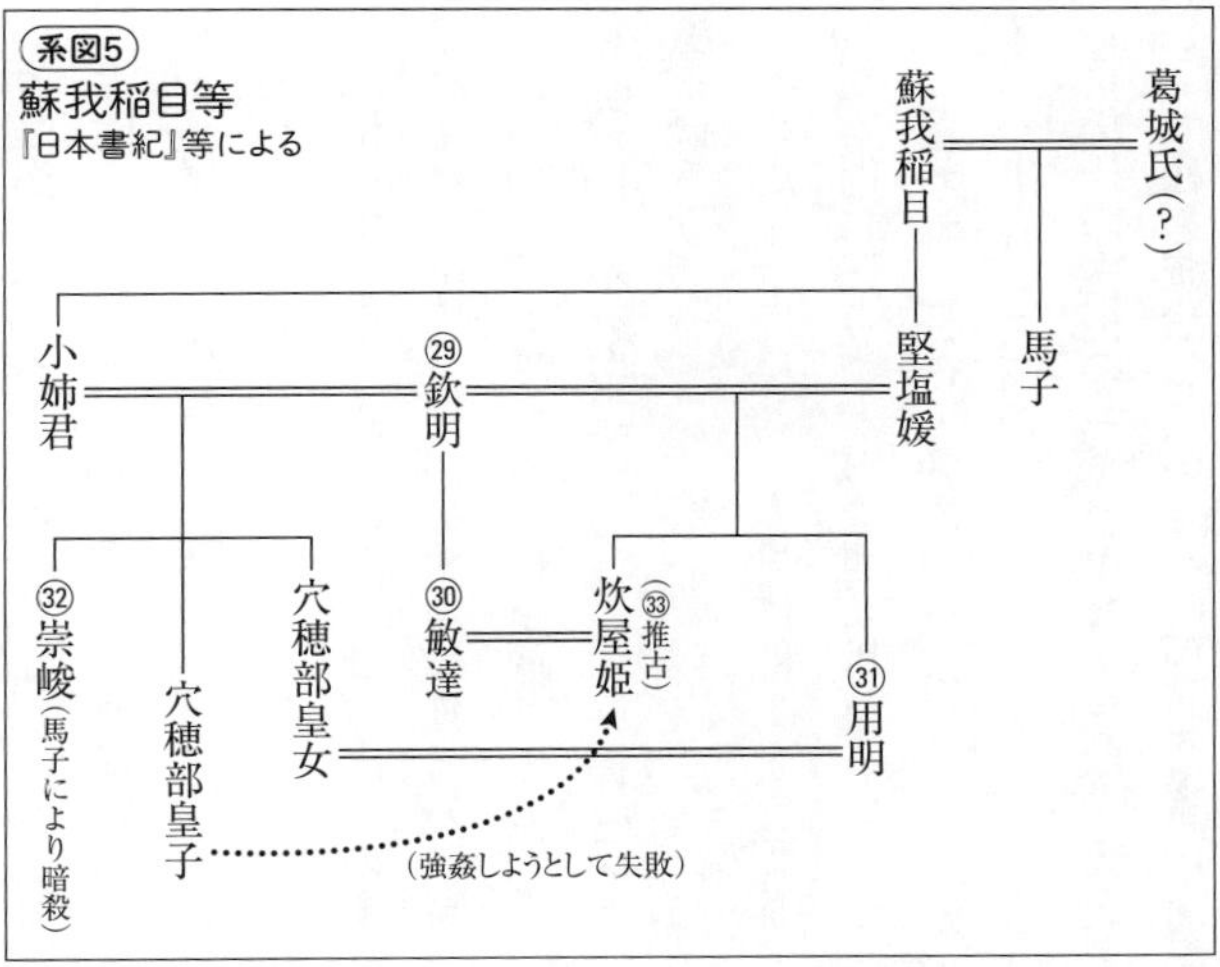

系図5
蘇我稲目等
『日本書紀』等による

彼女には蘇我の一族という強い意識があった。

蘇我馬子が葛城県を請うたのも、馬子によれば彼の〝本居《うぶすな》〟（生まれ故郷）ゆえで、遠山美都男は、馬子の母は葛城氏であろうという。

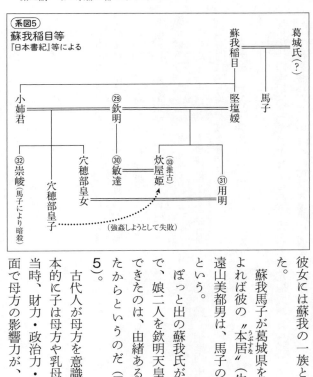

ぽっと出の蘇我氏が、馬子の父稲目の代で、娘二人を欽明天皇に入内させることができたのは、由緒ある葛城氏の娘と結婚したからというのだ（『蘇我氏四代』）（系図5）。

古代人が母方を意識し重視するのは、基本的に子は母方や乳母のもとで育っていた当時、財力・政治力・知力など、あらゆる面で母方の影響力が、父方のそれより大きいことが多いからだ。

古代の王族にとっては「父方の親族は王位を争ういわばライバル同士」であるのに対し、「母方の親族こそが我がミウチ」（水谷千秋『謎の大王 継体天皇』）という意識だったという指摘もある。

「王位を狙う皇子たちの多くは、母方の豪族の支援を受けて、ライバルたちと争った」（水谷千秋『継体天皇と朝鮮半島の謎』）わけだ。

母方の支援を受けるのは豪族たちも同じである。**系図6**を見てほしい。

蘇我稲目が天皇家に劣らぬ名族葛城氏と結婚し、生まれた馬子が〝大臣〟となって権勢を振るう。

その馬子は天皇家より先に地上を支配していた物部氏と結婚、生まれた蝦夷は、

〝母が財《たから》に因りて、威《いきほひ》を世に取れり〟

と言われ、孫の入鹿の弟は祖母にちなんで〝物部大臣〟と呼ばれた（『日本書紀』皇極天皇二年十月六日条）。

物部氏の先祖のニギハヤヒノ命は、天皇家の先祖であるニニギノ命より一足先に降臨し、大和を統治していた（同神武天皇即位前紀）（**系図7**）。

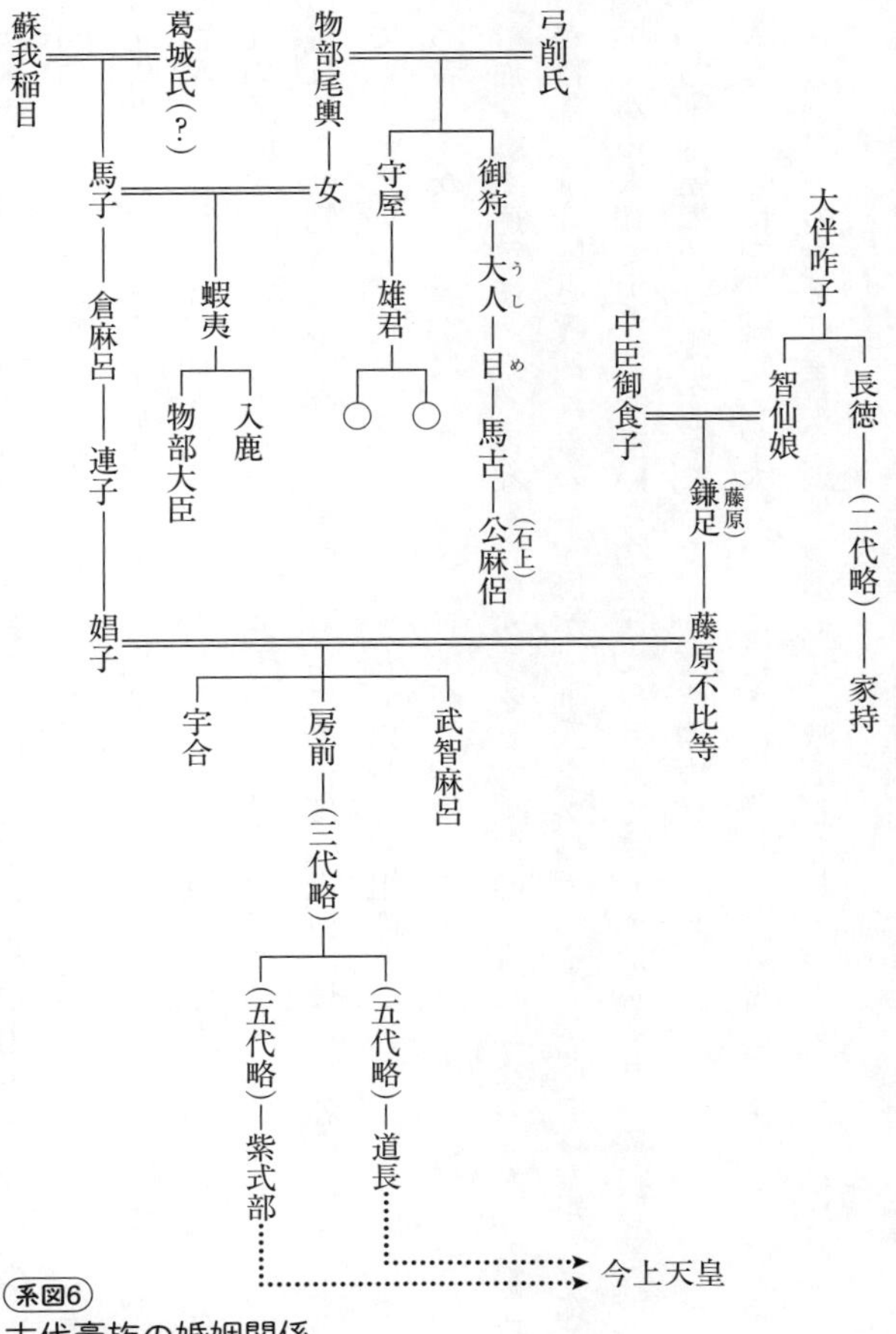

系図6
古代豪族の婚姻関係
『古事記』『日本書紀』
『先代旧事本紀』等による

物部氏が天皇家より古い統治者であることは、天皇側の歴史書に書かざるを得ぬほど自明のことだったのだ。系図7で目を引くのは、孝元の妃だったイカガシコメが孝元の子の開化の皇后になっている、つまりは父子二代の妻になっていることで、天皇（大王）家側からすれば、物部氏の娘と結婚しなければ王位を保てない、あるいは王位を得られぬ理由があったのではないか。称徳天皇（孝謙が重祚）が即位させようとした弓削道鏡はそんな物部氏の子孫で、藤原仲麻呂によれば「先祖の地位と名を継ごうとたくらんでいる」といい、それを称徳は「人として自分の先祖の名を興し、継ぎ広めようと願わぬ者はいない」とかばっている（『続日本紀』天平宝字八年九月二十日条）。称徳は、物部氏の血を引く道鏡に、天皇になる資格があると考えたのかもしれない。ちなみに物部守屋が物部弓削守屋と呼ばれるのも、母が弓削氏だからである（『先代旧事本紀』巻第五）。

早くから大和で力を持っていた物部氏には巨万の富や土地があり、蘇我馬子はそんな物部弓削守屋の妹と結婚することで、地位を固めた。

入鹿がのちに中臣鎌足と中大兄皇子に殺され、蘇我氏が「滅亡」することになるのは、こうした母方の物部守屋を、馬子らが殺し、滅ぼしてしまったからかもしれない。

(系図7) 物部氏の祖と古代天皇(大王)家
『古事記』『日本書紀』『先代旧事本紀』等による
本により表記の異なる神名・人名は片仮名表記

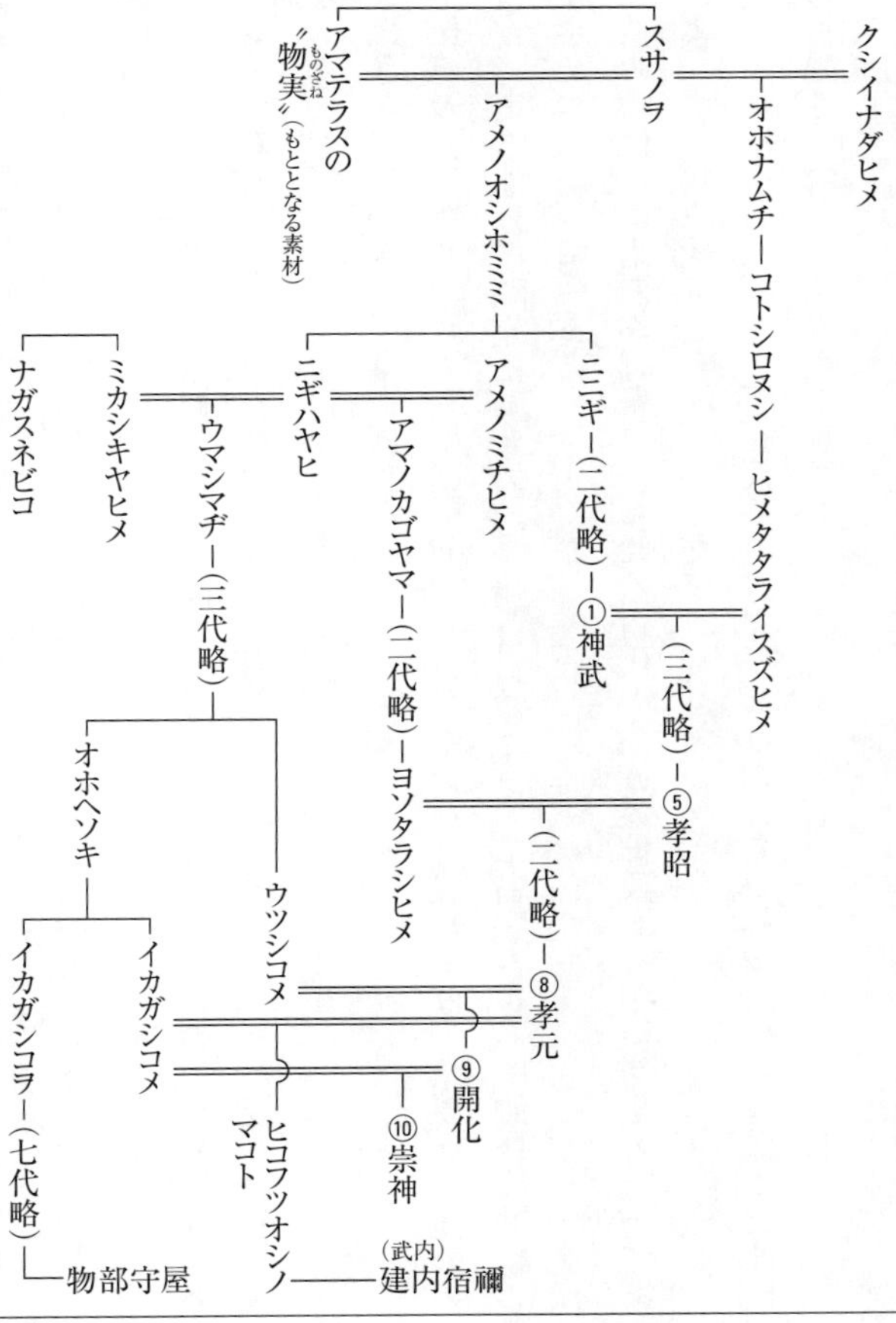

今も生き続ける「滅亡」の一族

と、書いたものの、女系図から見れば、物部氏も蘇我氏も滅びてはいない。

再び系図6を見てほしい。

物部氏の歴史書『先代旧事本紀』によれば、守屋の子の雄君《をきみ》は二人の子をもうけているし、守屋の弟の御狩《みかり》の玄孫の公麻侶《きみまろ》は〝石上朝臣〟の姓を賜って、その後も命脈を保っている（巻第五）。

蘇我氏はさらにはっきり栄華を極めた。

藤原不比等の妻となり、武智麻呂、房前、宇合を生んだ蘇我娼子は、滅びた入鹿のいとこの子だ。その血は摂関家はもちろん、鎌倉将軍家にも天皇家にも、『源氏物語』の紫式部にさえつながっている。

大伴家持の時代には落ちぶれたといわれる古代の名族大伴氏も、中臣鎌足の母方であることによって、藤原氏に血を注ぎ込んだ。

唐に滅ぼされた百済王家も、桓武天皇の母方となることで、葛城氏や蘇我氏や大伴氏、藤原氏とも混ざり合い、今も生き続けているのだ。

補講その一　聖徳太子は天皇だった？

女系図で見ると、滅びたはずの一族が思わぬ力を握っていた。

そんな歴史の面白さから、書き綴っている本書だが、この人の子孫は本当に滅びたのでは？　と思わせる人物に、聖徳太子がいる。

聖徳太子は用明天皇の皇子で、推古天皇の御代には皇太子《ひつぎのみこ》として仏教を興隆させ、憲法十七条を制定。さらに蘇我馬子と共に『天皇記』と『国記』を編纂するなど、国家の骨格を作った。

ところがそんな偉大な功績がありながら、息子の山背大兄王はそのいとこの蘇我入鹿らに襲撃され、一族は無抵抗のまま死んでしまう。太子の子孫はここで絶えたというわけ。

残された記録も意味深なものが多い。紫式部の曾祖父藤原兼輔著『聖徳太子伝暦』によると、太子は生前、墓を作らせた時、「ここは必ず絶て。あそこは必ず切れ」と命じた。それによって、自分の子孫を確実に滅亡させたいと願った、という。

太子自ら子孫を絶やすように願っていたとは、あとづけの伝説にしてもあんまりだが、仏教に造詣の深い太子にはそう思わせるだけの無常観があったのかもしれない。あるいは、あまりに尊い人の子孫を死なせてしまったという人々の罪悪感から、太子は自ら子孫を絶やすことを望んでいた（だから我々には罪がない）……という伝説が生じたのかもしれない。

謎の年号「法興」

聖徳太子に関する最古の伝記『上宮聖徳法王帝説』に引用される「法隆寺金堂釈迦三尊像の光背銘」（八世紀半ば）は、太子の妻の膳部《かしわでのほ》菩岐々美郎女《ききみのいらつめ》を〝王后〟と言い、彼女が死んだ翌日、〝法皇〟（太子）が死去したとあり、ここから太子謀殺説が生まれたり、〝法興〟という元号のような表現があるところから、太子は実は天皇だったという説もある。

何よりひっかかるのは、中国側の記録『隋書』（六三六）の東夷伝の倭国に関する記述だ。そこには、

〝開皇二十年、倭王あり、姓は阿毎、字《あざな》は多利思北（比の誤字というのが通説）孤、阿

輩雞彌と号す〟

〝王の妻は雞彌と号す。後宮に女六、七百人有り〟

とある。開皇二十年（西暦六〇〇年）当時の中国人は、当時の倭王が、妻を持つアメノタリシヒコという男であると記しているのだ。しかもこれは、中国側の使者が実際に倭国（日本）を訪れ、見聞したことを皇帝に報告したことなので、相当、確かな記録といえる。

しかるに当時の天皇は太子の叔母の推古天皇だ。太子はその摂政として活動していたために、使者が太子を天皇と勘違いしたとか、女帝であることを侮られぬように日本側が偽ったという説もある。

六〇〇年当時、太子は二十七歳。太古の天皇（当時は大王）は三十歳以上で即位するのが普通だから、やや年が若い気もするが、天才的な太子なら即位もあり得ぬ話ではない。少なくとも四十九歳で死ぬまでには即位した可能性はあると思う。

太子は『日本書紀』に〝万機〟を執り行い、〝天皇事《みかどわざ》〟を行っていたと書かれている。歴代天皇の確定以前は、ヤマトタケルや神功皇后なども、『古事記』『日本書紀』以外では天皇と呼ばれていたことを思うと（⇩第三講）、太子もそうした類だったかもしれない。

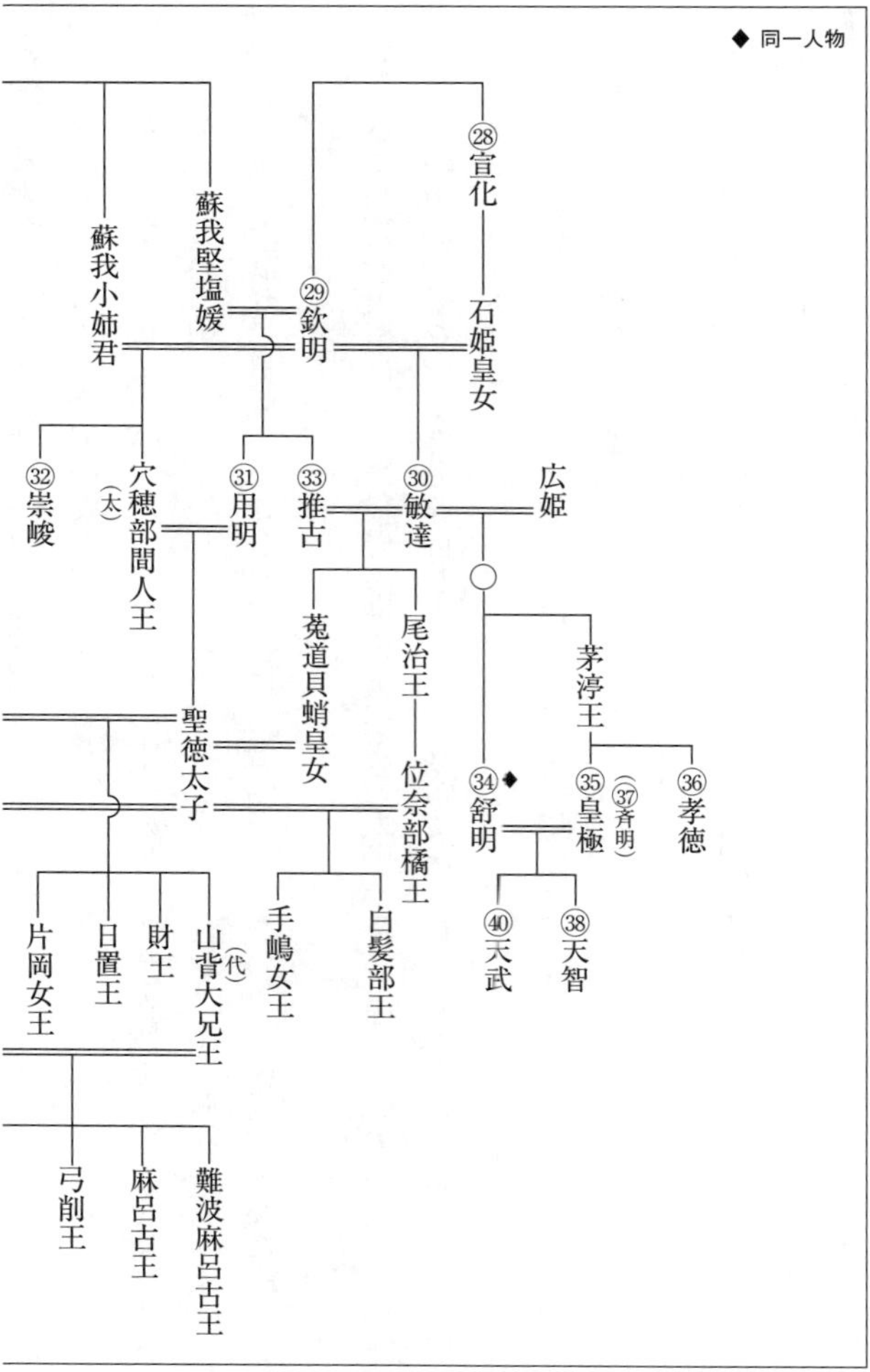
◆ 同一人物
㉘宣化
石姫皇女
㉙欽明
蘇我堅塩媛
蘇我小姉君
広姫
㉚敏達
㉝推古
㉛用明
穴穂部間人王
（太）
㉜崇峻
茅渟王
尾治王
菟道貝蛸皇女
位奈部橘王
聖徳太子
㊱孝徳
㉟皇極
（㊲斉明）
㉞舒明◆
㊳天智
㊵天武
白髪部王
手嶋女王
（代）
山背大兄王
財王
日置王
片岡女王
難波麻呂古王
麻呂古王
弓削王

聖徳太子子孫系図

『上宮聖徳法王帝説』等による

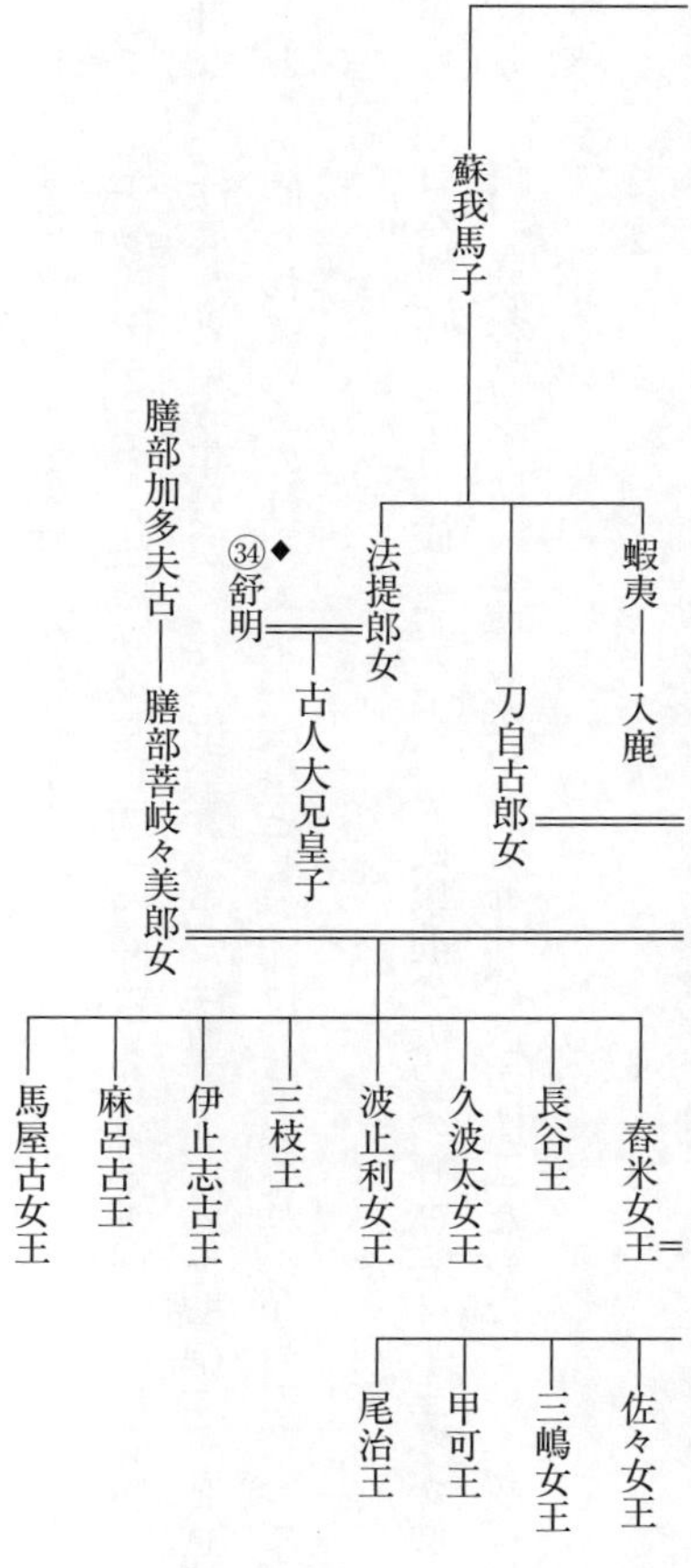

それが日本の歴史書で隠蔽されたのは、『古事記』『日本書紀』編纂当時の天皇家が別系統に移ったため、その歴史が消されたのではないか。

これに関して面白い説を唱えているのが半沢英一で、彼によれば、『古事記』『日本書紀』は「天皇家の支配の根拠を、天皇が天照大神から続いてきた血統であること」に置いていた。ところが聖徳太子は「仏教によって倭王になった人物であり、天孫家系王の連続はそこで破壊されてしまうことになる」(『天皇制以前の聖徳太子』)。これが国の歴史書で太子が天皇と認められない理由だというのだ。

そして「伊予湯岡碑文」や「法隆寺金堂釈迦三尊像の光背銘」という一級資料に、正史にはない〝法興〟という年号が、〝法王大王〟〝上宮法皇〟といった聖徳太子を意味する語とともに使われているのは、太子が法皇として即位していた時の年号が残っているのだと言う。

太子は、『日本書紀』でも〝法大王《のりのおほきみ》〟と、天武以前の天皇の呼び名〝大王〟が使われていたり、〝厩戸豊聡耳皇子命《うまやとのとよとみみのみこのみこと》〟と尊号がついており、彼が倭王だったという説には説得力を感じる。

そのように高貴で偉大な人物であったにもかかわらず、子の山背大兄王ら一族は無惨に死んだ。太子とその妻が日を前後して亡くなったのも陰謀の匂いを感じる。

こうした太子の悲劇を、法隆寺と結びつけたのが哲学者の梅原猛だ。

梅原氏は、「不幸な死に方をした人のみが、日本では神に祭られる」と言い、聖徳太子が神格化されたのは、無実の罪で子孫を殺されたからだと言う。怨霊となった太子の祟りを鎮めるために建てられたのが法隆寺だというのだ（『隠された十字架』）。

太子の功績に比して、あっけなくも謎めいた死や、子孫の悲惨な状況を思うとあり得る話で、まして太子が天皇であったとすれば、ますますその思いは強くなる。

系図はそんな太子の関係図。『上宮聖徳法王帝説』によると太子には十四人の子がおり、蘇我入鹿らによって山背大兄王ら十五王子が滅びたと言う。それが後世の『聖徳太子伝暦』では二十五人になっており、時代が下ると共に殺された王子の数は増えている。太子には娘もいるし、歴史に残っていなくても女系図では脈々と血が受け継がれたのではないかと思う。

第四講　紫式部の名前はなぜ分からないのか

平安時代の女は、かなりな「有名人」でも「名前」の分からぬ場合が多い。

紫式部、清少納言、和泉式部、赤染衛門……これら有名文学者の「名」は、女房として仕えた際の「呼び名」であって、皆、本名ではない。

任官や叙位は「氏姓と実名を対象に行われるのが鉄則」(角田文衞『日本の女性名』上)なので、官位があれば本名も分かるはずだが、有名女房は必ずしも官位があるわけではないし、たとえ官位があっても、通称と本名は「ほとんど合致させえない」(同前)、つまり任官書類に記される人がどんな通称で呼ばれる女房であるか分からぬために、相当な有名女房でも本名は不明ということになる。

なぜ、女の名はそんなにも分かりにくいのか。

武士の時代には女の地位が低下したため、公的な記録に女の名が残りにくくなったということがあるが、女の財産権が強く、地位も高かった平安貴族の場合は事情が異なる。

結論から言うと、太古からあった「実名忌避の俗信」が根強く残っていたためだ。

「実名忌避の俗信」とは、名前と人間は一体であるという考え方から、実名を知られると呪いをかけるのに利用されたり、災いを受けるなど危険であるとして、実名を秘したり、別名で呼ぶ習慣のことだ（穂積陳重『忌み名の研究』、豊田国夫『名前の禁忌習俗』など）。

とくに「女子は相手に実名を告げるのは、肌を許すこととすら考えられていた」（角田氏前掲書）。名前を知られることは心身共に支配される危険を意味していたわけで、その危険度は女や貴人のほうが高いため、実名を秘すうち、不明になってしまうのだ（『源氏物語』でも、実名が分かるのは惟光《これみつ》などの受領階級や、玉鬘《たまかずら》の幼名瑠璃君《るりぎみ》くらいで、女君はもちろん、主人公の源氏の実名すら記されない）。今で言うなら個人情報をさらすと、詐欺やストーキングに悪用されるから秘すといった感覚で、実名も知らぬまま、ハンドルネームで呼び合っているネット社会に似てなくもない。

娘によってのみ名を残す父

私が気になるのは、そんな名前の分からぬ女によって、名を知られる父の存在だ。

たとえば『蜻蛉日記』の作者は「道綱母」、『更級日記』の作者は「菅原孝標女《すがわらのたかすえのむすめ》」と、生んだ息子や父の名前を冠して呼ばれる。

　しかし藤原道綱はともかく、菅原孝標などは、今では娘のほうが有名で、そのおかげで知られているような人だ。

　これが極端になると、ただ娘の存在によってのみ、名を残す父ということになる。『尊卑分脈』などの系図集を見ていると、そんな系譜未詳の男たちがけっこういる。

　後鳥羽院に入内して順徳院を生んだ藤原範子（刑部卿三位《ぎょうぶきょうのさんみ》範子と同名のため、のちに重子と改名。以下、重子）の父範季は〝母高階為時女〟とあって、高階為時の娘から生まれたことが分かるのだが、高階為時が誰の子なのか、『尊卑分脈』の高階氏の系図を見ても為時の名は載っていないので分からない。

　似たようなことは重子の年上のいとこで、後鳥羽院の乳母である刑部卿三位範子や、その妹であり、政界で絶大な権勢を振るった卿二位《きょうのにい》兼子の父範兼の母方祖父についても言える。範兼は『尊卑分脈』によれば〝母兵部少輔高階為賢女〟とあり、その母は高階為賢の娘であることが分かるが、為賢の名はやはり『尊卑分脈』の高階氏の系図には載っていない。もっともこちらは江戸末期に編纂された系図集『系図纂要』（第十三冊）には記載されており、それによると紫式部の娘賢子の生んだ為家の息子であることが分かる。

いずれにしても彼らは、本来なら『尊卑分脈』のようなメジャーな系図集に記載されるような位階もなければ功績もなく、藤原範季や範兼といった孫、さらには重子や範子・兼子姉妹といった名高い曾孫がいたからこそ、名が残されたのである。

この手の最たる男が宮道弥益《みやじのいやます》だ。

『尊卑分脈』の藤原定国の名の横には〝母宮内大輔宮道弥益女《むすめ》従三位引（列）子〟と記されている。定方、胤子、満子も定国と同じ母の腹だ。彼らの父藤原高藤は正三位内大臣。その父良門は早死にしたため正六位上止まりだが、藤原北家に属す名門だ。高藤は娘の胤子が醍醐天皇を生んだため、死後は正一位太政大臣を贈られた。一方の母列子は、郡の大領（受領の下で郡を治める郡司の長官。従八位上相当）という低い身分の宮道弥益の娘であった。身分違いの二人が出会ったのは『今昔物語集』（巻第二十二第七）によれば、少年時代の高藤が鷹狩で雷雨に遭い、弥益の家に雨宿りしたためだ。その時、高藤は一人の供しか連れず、その供が田舎へ帰国したので、この家の場所も分からずじまいだった。六年後、この供の男が上京したので、彼の手引きでその家を訪ねてみると、美しく成長した弥益の娘と、かつて契った時にできた姫がいた。その姫が胤子というわけだ。

娘列子が高藤の妻にならなければ、生まれた胤子が醍醐天皇の母とならなければ、宮道弥益という名が系図集に刻まれることはあり得なかった。

彼は娘や孫娘によってのみ、つまり「女系図」によって歴史に名を残した男なのである。

紫式部という呼び名が表す力

実は、『源氏物語』の作者の紫式部は、この高藤や、先に名を挙げた藤原範子・兼子姉妹とは無縁ではない。

系図1を見てほしい。高藤は紫式部の先祖であり、範子・兼子姉妹は子孫である。

紫式部の先祖は上流に属し、彼女の子孫もまた上流に属していた。それどころか、今上天皇にまで達していることが、女系図をたどると分かる。

紫式部の父や夫の代では受領階級に落ちぶれていた彼らの子孫が、いかにして上流に達する子孫を輩出したのか。

系図1 紫式部の先祖と子孫
『今昔物語集』『尊卑分脈』『系図纂要』等による系図

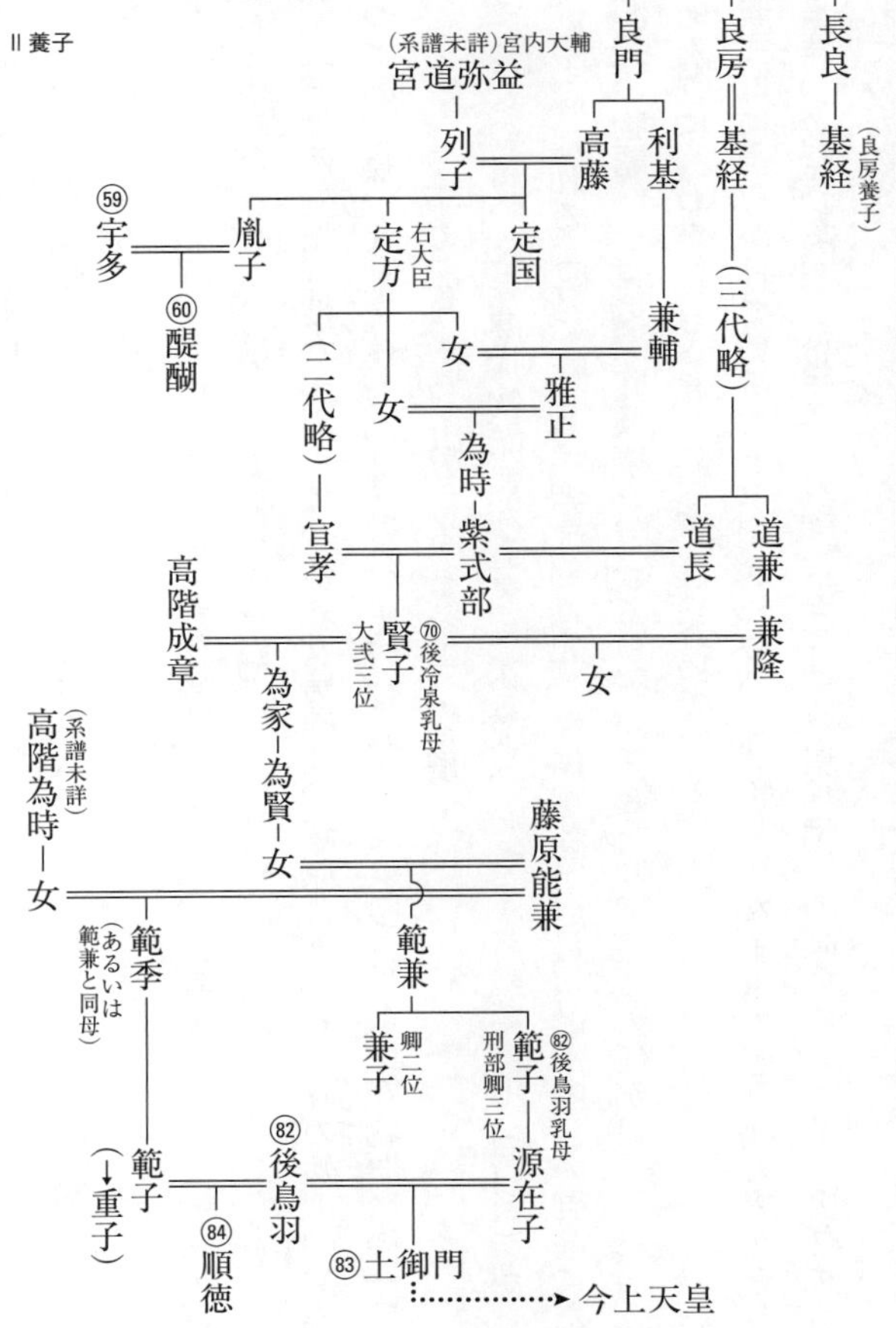

そこには「女の力」が働いていた。

紫式部自身、子孫繁栄の大きなきっかけとなった人で、その影響力は「紫式部」という呼び名に表れている。

というのも、女房の呼び名は和泉式部、赤染衛門のように、自身の姓や、夫や父の任国や官名を組み合わせてつけられることが多い。

だが紫式部は例外だ。彼女がもとは、他の女房同様、藤原氏という自身の姓と、父為時のかつての官職、式部丞《しきぶのじょう》から〝藤式部〟と呼ばれていたことは、『栄花物語』の一〇一一年、一〇一二年の記事からも分かる（巻第九・巻第十）。

それが彼女の書いた『源氏物語』が有名になると、ヒロインの紫の上（若紫）から〝紫式部〟と呼ばれるようになる。『紫式部日記』には、藤原道長が彰子中宮の御前にあった〝源氏の物語〟を見て、冗談事を言って口説いてきたり、藤原公任が、

「このあたりに〝わかむらさき〟（若紫）はおいでですか？」

と、紫式部に声をかけていることが記されている。物語は女子供の慰み物と考えられていた当時、『源氏物語』は当代一の権力者である道長や、名高いインテリの公任にも愛読されていたのだ。

こうして貴族社会に『源氏物語』作者として名を馳せたため、『栄花物語』でも一〇二五年時点の呼び名は〝紫式部〟になっている（巻第二十六）。〝紫式部〟は、父でも息子でも夫でもなく、彼女自身の功績に基づく呼び名なのである。

母の名だけ記される

そんな紫式部の「名」によって最も恩恵をこうむったのは一人娘の賢子だ。『栄花物語』巻第二十六で〝紫式部〟の名が記されるのは、賢子が親仁親王（後冷泉天皇）の乳母に選任された時のこと。親仁親王の乳母は合計三人選任されているが（一人目の頼成女は病気で退出）、賢子以外の二人は、

〝阿波前司頼成《あはのぜんじよりしげ》（藤原頼成）が妻《め》の、今の大弐（藤原惟憲）の女《むすめ》〟
〝讃岐守長経《さぬきのかみながつね》（源長経）が女《むすめ》〟

と夫や父の名と共に紹介されているのに対し、賢子だけは、

〝大宮（彰子）の御方の紫式部が女《むすめ》〟

と、母の名と共に紹介されている。

一〇二五年当時、父の藤原宣孝が故人ということもあろうが、紫式部の没年は未詳な

ものの、一〇一四年が定説だ（日本古典文学全集『源氏物語』一　解説など）。逆に『栄花物語』の記述から一〇二五年生存説もあるとはいえ、故人であってもそのこと（故人であること）を明記せぬ場合もあろう。

わざわざ母の名だけが記されるのは、それだけ紫式部の声望が高かった表れで、賢子は、本人の資質もさることながら、一つには紫式部の娘だからという「母のコネ」もあって乳母に採用されたのだ。

乳母の力が一族に影響

賢子のような中流貴族女性にとって「天皇家の乳母になること」は、立身出世の最も早い近道であり、一族繁栄の手だてである。

貴人の乳母がいかに一族に影響を及ぼしていたかについては、田端泰子『乳母の力』などに詳しいが、その権勢は、清少納言が〝うらやましげなるもの〟（うらやましく見えるもの）として、

〝内《うち》（天皇）、春宮《とうぐう》の御乳母《めのと》〟（『枕草子』「うらやましげなるもの」段）

を挙げていることからも分かる。

そんな清少納言を〝したり顔にいみじうはべりける人〟（得意顔の、とんでもない人）（『紫式部日記』）とこきおろした「宿敵」とも言える紫式部の娘賢子がミカドの乳母になっているのは皮肉だが……。

紫式部の関係者には天皇家の乳母になった女が少なくない。なかでも賢子の異母兄藤原隆光の孫光子は、堀河・鳥羽の二代の乳母として、

〝ならびなく世にあひ給へりし人〟（並ぶ者のないほど時勢に合って栄えていらした方）（『今鏡』「すべらぎの中 第二」）

であった。

系図2を見てほしい。同じ公実の子の中でも、昇進の早いのは光子の子女で、『今鏡』（藤波の下 第六）によれば、通季（一〇九〇～一一二八）は〝母二位（光子）の御子にて、むかひ腹（嫡妻腹）〟なので、十歳年上の異母兄の実行（一〇八〇～一一六二）より位は上だ（ただし通季が早死にしたのに対し、実行は学才もあり長生きしたので太政大臣まで出世したと『今鏡』は言う）。子孫も通季のそれが最も繁栄し、多数の国母や大臣を輩出している。一方、母の地位の低い長男の実兼に至っては『今鏡』には母の名も記されず、『中右記』『公卿補任』では公実の〝長男〟〝一男〟は藤原基貞女腹の実隆

になっている。出てきた腹によっては「いない子」にされてしまうのだ。

繁栄する紫式部の子孫

このように子孫に多大な影響を与えた光子の末娘が有名な待賢門院璋子である。

璋子は白河院の寵愛する祇園女御の養女となった関係から、白河院の〝御娘〟(『今鏡』「藤波の上」)となり、母光子が乳母をつとめた鳥羽天皇(白河院の孫)に入内した。鳥羽天皇との第一子である崇徳院の父が実は曾祖父白河院であったことは、第八講で触れる。

ミカドの乳母の娘が天皇家に入内するという例は院政期から目立ってきて、後鳥羽院の乳母の刑部卿三位藤原範子の娘・源在子も、後鳥羽院に入内して土御門帝を生んでいる。

「天皇の母方」が政権を握る外戚政治が崩れ、「天皇の父＝上皇(院)」が政権を握るようになった院政期、乳母の地位はうなぎ登りに高くなっていたのだ。

この範子の妹兼子は〝卿二位〟と呼ばれ、鎌倉初期の史論書『愚管抄』は、北条政子と義時という〝イモウトセウト〟(妹と兄)が〝関東〟を治め、

系図2　公実の子の腹別系図
『今鏡』『尊卑分脈』等による

公実の男子の右肩数字は出生順序

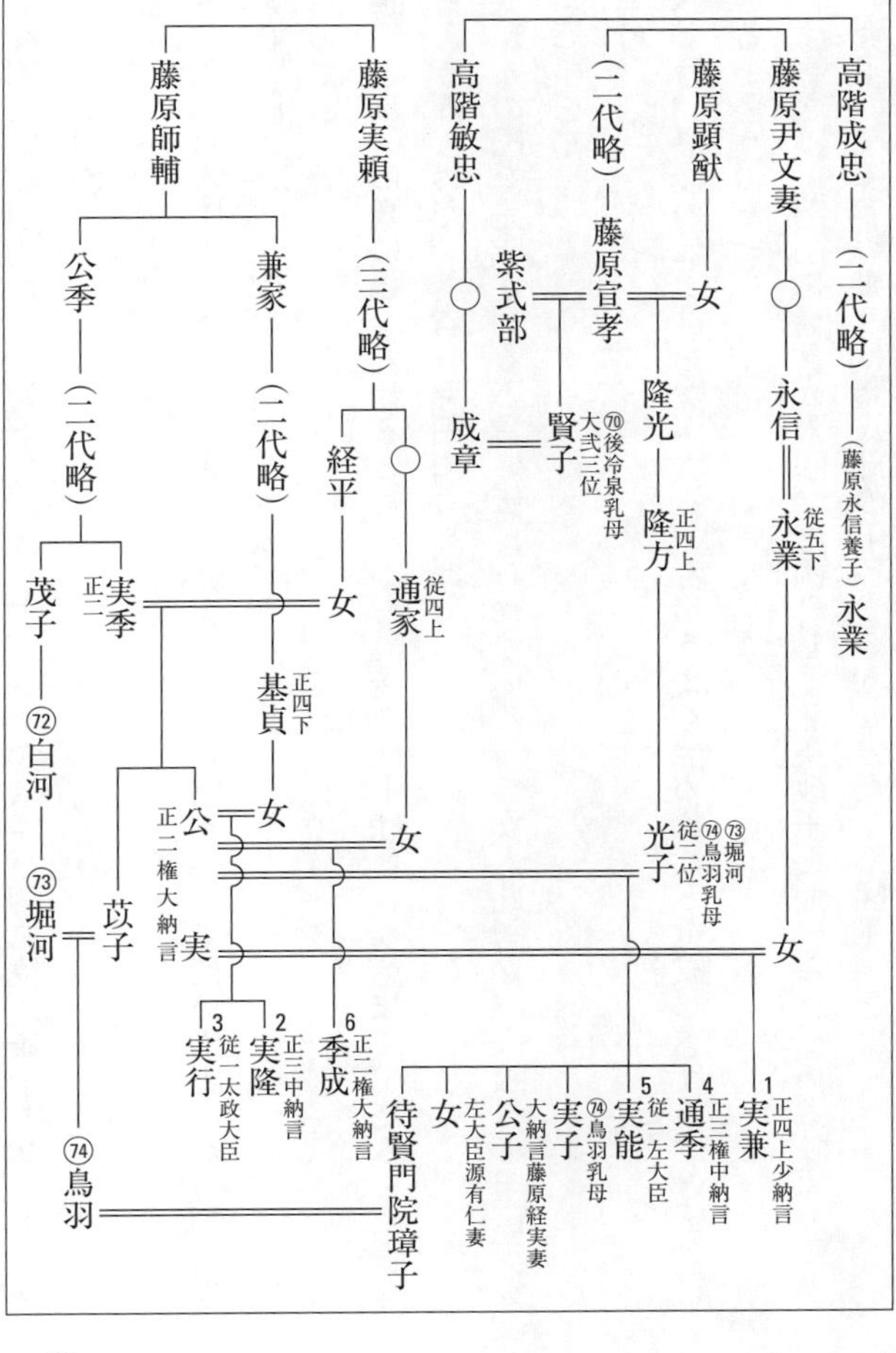

「京では卿二位がしっかりと天下を掌握している」（〃京ニハ卿二位（兼子）ヒシト世ヲ取タリ〃）（巻第六）

と記している。そして、

「女人入眼《にょにんじゅがん》の日本国というのはいよいよ真実であると言うべきではあるまいか」（〃女人入眼ノ日本国イヨ〳〵マコト也ケリト云ベキニヤ〃）

と評している。

〃入眼〃とは、仏像に眼を入れるところから最後の仕上げという意味で、だるまに眼を入れるようなものだ。著者の慈円によれば、

「女人がこの国を完成させると言い伝えられている」（〃女人此国ヲバ入眼スト申伝ヘタル〃）（巻第三）

と言う。

日本では、最後の仕上げを女がする、女がうまく治めることを成し遂げる、と伝えられているというのだ。

注目すべきは、慈円に〃女人入眼〃の例として北条政子と並べられている藤原兼子がやはり賢子の子孫、つまりは紫式部の子孫ということだ（系図1・3）。

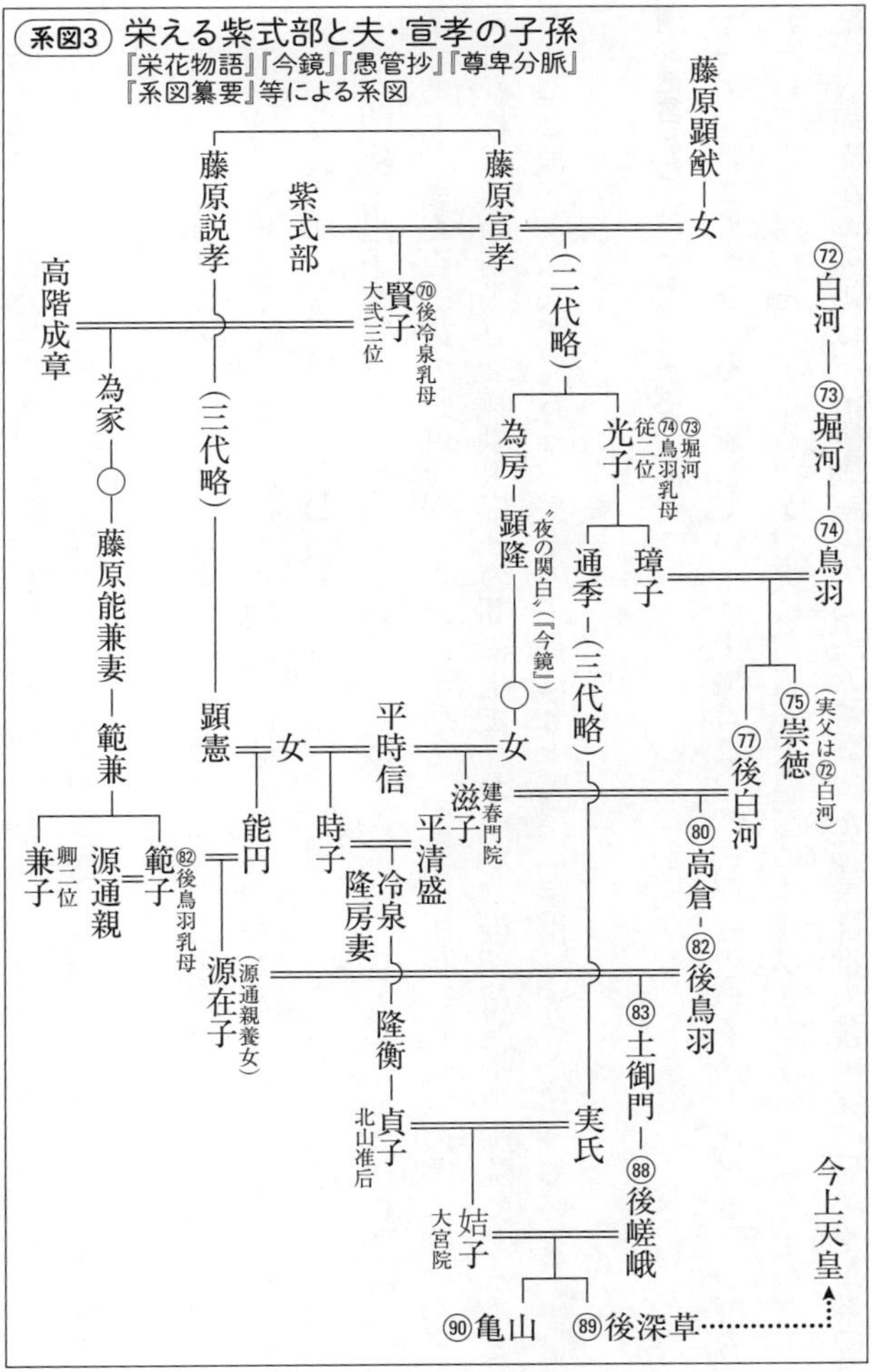
系図3 栄える紫式部と夫・宣孝の子孫
『栄花物語』『今鏡』『愚管抄』『尊卑分脈』『系図纂要』等による系図
藤原顕猷
女
藤原宣孝
藤原説孝
紫式部
賢子
⑦後冷泉乳母
大弐三位
高階成章
為家
藤原能兼妻
範兼
範子
㉒後鳥羽乳母
源通親
兼子
卿二位
（三代略）
顕憲
女
能円
源在子
（源通親養女）
（二代略）
為房
顕隆
〝夜の関白〟（『今鏡』）
女
光子
⑦③堀河
⑦④鳥羽乳母
従二位
通季
（三代略）
璋子
平時信
時子
平清盛
滋子
建春門院
冷泉
隆房妻
隆衡
貞子
北山准后
実氏
姞子
大宮院
⑦②白河
⑦③堀河
⑦④鳥羽
⑦⑤崇徳
（実父は⑦②白河）
⑦⑦後白河
⑧⓪高倉
⑧②後鳥羽
⑧③土御門
⑧⑧後嵯峨
⑧⑨後深草
⑨⓪亀山
今上天皇

紫式部の子孫は意外なまでに繁栄している。

紫式部腹ではない宣孝の子孫も混ぜれば、院政期貴族社会の中枢を担っていたと言えるほどだ。

先の光子の甥の顕隆は『今鏡』によると〝夜の関白〟の異名を持つ権勢家だった。「白河院の院司として毎夜院の御所に伺候し、彼の進言することはすべて聞き入れられた」（竹鼻績全訳注『今鏡』上 語釈）からだ。

建春門院平滋子も宣孝の子孫で、ということはその子の高倉天皇や孫の後鳥羽院も子孫であり、また百七歳の長寿を保った北山准后も、宣孝の子孫の実氏との間に娘の姞子をもうけ、その姞子と後嵯峨天皇との間に生まれたのが、後深草院や亀山院である。ということは、女系図で見ると、宣孝の子孫は今上天皇に幾重にもつながっている。

清少納言と紫式部の意外な接点

一方、紫式部がライバル視していた清少納言は、紫式部周辺の子孫と比べると、振るわない……と言いたいところだが、実は、娘が天皇家につながる宣孝の子孫を生んだ下総守藤原顕猷の先祖は、清少納言の夫の一人であった藤原棟世の曾祖父の兄弟だ（系図

系図4

清少納言と紫式部の意外な接点
『後拾遺和歌集』『尊卑分脈』等による

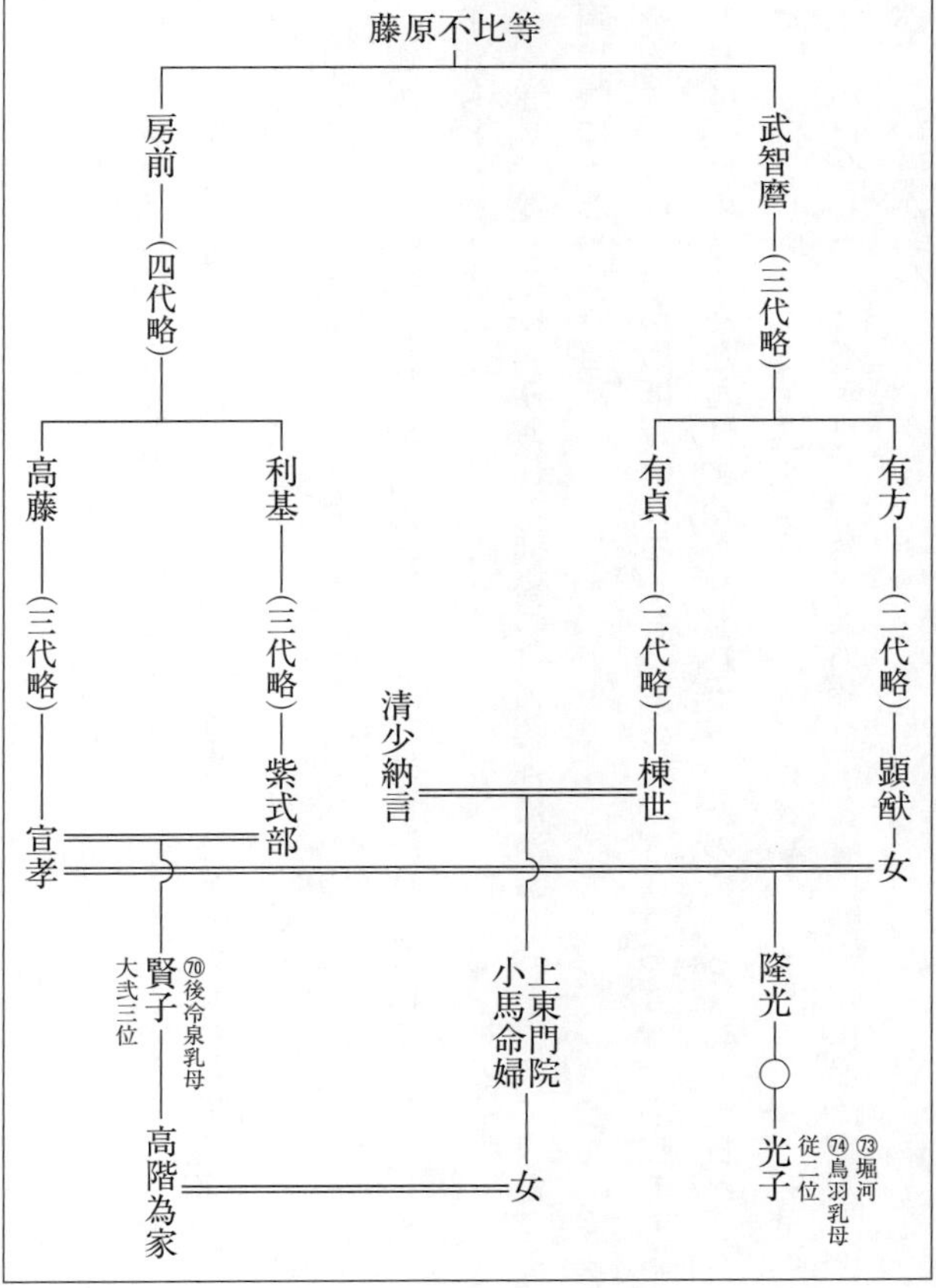

4）。
しかも清少納言と紫式部の子孫は思わぬところで交わっている。

上東門院小馬命婦は清少納言と藤原棟世の娘とされるが、小馬命婦がその娘に代わって詠んだ歌が、『後拾遺和歌集』に載っていて、相手は高階為家、すなわち紫式部の孫なのだ。彼は、小馬命婦の娘とつき合っていたものの、訪れが遠のいていた。それが〝みあれの日暮れには〟と言って〝葵〟を寄越してきた。

〝みあれ〟は賀茂祭の前に行われる神事のこと。〝葵〟は賀茂社の神紋で、祭の日は髪にかざしたり家に掛けたりした。

〝逢ふ日〟にも通じ、要するに「みあれの神事の日の暮れに逢おう」と言ってきた。それで小馬命婦は娘に代わって詠んだ。

「この草は葵とは見分けがつかぬほど枯れてしまったのに、どう言って、みあれの神事の今日、掛ければいいの？　あなたはすっかり離れて行ったのに、どうして今日が逢う日だというの？」（〝その色の草とも見えずかれにしをいかにいひてかけふは掛くべき〟）

その後、二人が再会したかは不明だが、紫式部の孫息子と清少納言の孫娘は恋人同士だったことが、この歌から分かる。

紫式部―大弐三位、清少納言―小馬命婦、和泉式部―小式部内侍、伊勢御息所―中務……といった具合に、母と娘で名を馳せる中流貴族が多いのも、平安中期の特徴だ。

女系図で見ると、思わぬ人々のつながりに驚いたり、「〇〇女《むすめ》」「〇〇母」といった名のない女が、一族繁栄の意外なカギになっていることが分かるのだ。

補講その二　乳母が側室になる時

「乳母は養い君に性の手ほどきをしているのでしょう？　『源氏物語』の源氏も最初の相手は乳母だったのでは？」などと問うてくる人がいる。

源氏の場合、物語上の最初の相手は数え年十二歳の元服と同時に結婚した葵の上で、それ以前に乳母と何かあったかは書かれていないので分からないものの、鎌倉時代の女房二条の『とはずがたり』によれば、後深草院は〝新枕《にひまくら》〟を乳母に習った。後深草院は、この乳母の娘である二条とも愛人関係にあり、母娘して院のセックス相手になったわけである（⇓第八講）。

乳母や養母が養い君のセックス相手になるというのは太古の昔から語り継がれる一つの伝統で、初代神武天皇の父ウガヤフキアヘズノ命も、母の妹のタマヨリビメに養育され、成長すると彼女を〝妃《みめ》〟としている（『日本書紀』）。

神武天皇は乳母を妻にして子を生ませたわけで、似た例に、室町八代将軍足利義政と「今参局《いままいりのつぼね》」がいる。

今参局は義政の乳母でもあり、側室でもあった。

そんな彼女は、当時の僧の日記『碧山日録』によれば、

〝其貴（気）勢焰々、不可近焉、其所為殆如大臣之執事〟（長禄三年正月十八日条）

近づきがたいほどの権勢で、大臣の執事のようであったという。

今参局は人事にも大きな発言権を持ち、義政の母日野重子と対立。当時、数えで十六歳だった義政は、母より今参局の意見を採用したので、怒った重子は嵯峨に籠もってしまうという事件も起きた。

今参局は、義政の実母にもまさる強権を振るっていたのだ。

今参局と日野富子

が、養い君の母には勝てた今参局も、妻には勝つことができなかった。

この事件のあった一四五一年から八年後の一四五九年正月九日、義政の母重子の親族に当たる日野富子が義政の子を生むものの、それが死産に終わると、今参局が呪詛したという噂が広まって、彼女は流罪に処せられる。

興福寺大乗院の門跡による日記『大乗院寺社雑事記』によれば、今参局が捕らえられ

たのは出産からわずか四日後の十三日で、翌十四日には〝隠岐国ニ配流〟となっている。あるいは近江の〝辛崎〟に沈められたという噂もあったが、結局、十九日、近江で〝切腹〟(『大乗院寺社雑事記』長禄三年正月二十六日条)という衝撃的な最期を遂げている。

清水克行によれば「室町幕府が行った『流罪』では、流人が『配所』に到着するまえに、途中で何者かによって殺害されてしまうというパターンがきわめて多い」と言い、「室町時代においては『流罪』イコール『死』を意味したといってもいい」(『喧嘩両成敗の誕生』)。

今参局が切腹を選んだのは、惨めに殺されるよりは自害することで誇りを守ったのだろう。

そんな彼女の詳しい系譜は不明で、義政のほかに夫や子がいた形跡はうかがえない。乳母となったからには、その時、妊娠していたのでは？ とも思うのだが、それも不明だ。

ただ、大館持房の子周麟が文亀三(一五〇三)年に記した大館持房伝(『故総州太守源公持房景麗院殿高門常誉禅門行状』)をもとに、三浦周行が系図を作っている(『日本史の研究』第二輯)。それを参考に、近藤敏喬の『宮廷公家系図集覧』などで足利氏や日野氏の

今参局
三浦周行『日本史の研究』第二輯
近藤敏喬『宮廷公家系図集覧』等による

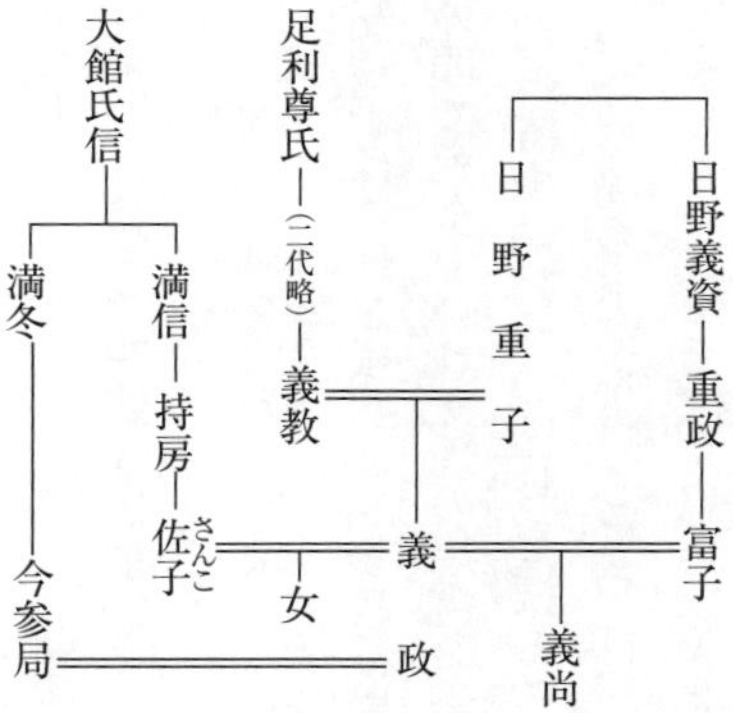

系譜を補って作ったのがこの系図だ。

三浦氏の紹介する持房伝によると、持房のいとこに当たる今参局は、義政が〝繦褓之中〟（産着にくるまれているころ）から養育していたため、その権勢は〝大夫人〟（日野重子）をしのぎ、公卿大臣は競って賄賂を贈った。呪詛事件で局が切腹した際は、そばにいた武士は〝皆流涕〟（皆涙を流し）、〝女中大丈夫也〟（女ながらに立派な人物だ）と言った。

さらに後日談として、局の死後、旱魃が起きたり、義政の愛人が産室で、夢に局を見たあと、生まれた子供ともども死んでしまうといった怪奇事件を報告、局の罪が冤罪だったことを主張している。

三浦氏は、局は義政の乳母であるが、愛人というのは、持房の娘佐子《さんこ》と混同したもので「訛伝」（間違った言い伝え）と見ているものの、同時代の僧侶による『碧山日録』には〝嬖妾〟（愛妾）（長禄三年正月十八日条）とあり、今では乳母兼側室というのが定説だ。男女の関係があるから、今参局が義政の妻に嫉妬したと当時の人は信じたわけで、義政にしても、性絡みの複雑な感情があればこそ、恩ある乳母を流罪に処したのかもしれない。

三浦氏によれば、義政は局の死後、仏事を営み、四年後も追善料所を寄進しているという。田端泰子はこれを根拠に「義政は局を愛したようで」（『乳母の力』）と言うが、私は、無実の罪で死んでいった局の怨霊を恐れてのことではないかと考えている。

平安中期の清少納言は、権勢を振るう貴人の乳母を〝天人〟にたとえたものだが（『枕草子』）、今参局の末路を見るにつけ、天人の最期は地獄の苦しみより甚だしいという「天人五衰」ということばを思い出さずにいられない。

第五講　光源氏はなぜ天皇になれなかったのか

〝劣り腹〟という侮蔑語

王朝文学というと、雅な花鳥風月にあふれているようなイメージを持つ人は多いだろう。

しかし実は、現代人の感覚からは考えられないほど身も蓋もないダイレクトな表現も少なくない。『うつほ物語』の皇后は〝ふぐり〟（睾丸）〝つび〟（女性器）といったことばを連発するし、直截的な性表現のないことで有名な『源氏物語』にも〝わが君孕まれおはしましたりし時〟などとある。ある僧侶が冷泉帝に、実父は源氏であるという出生の秘密を告げる時、このことばが使われている。

とはいえ、こうしたことばは少なくとも女流文学には滅多に出てくるものではない。頻繁に出てくるのは〝腹〟だ。

『源氏物語』はもちろん、『栄花物語』や『大鏡』といった歴史物語になると、誰々は誰々の子で、誰々の〝腹〟であるといった記述が実に大量に出てくる。

つい戦前にも〝妾腹〟なんてことばが陰口として囁かれたものだが、王朝文学の〝腹〟は「○○は○○中宮の〝御腹〟で」といった具合に堂々と出てくる。〝腹〟の一語で、「誰々の腹から生まれた」という意味になるのだ。

蔑視語に近い〝腹〟もあって、正妻以外の母親から生まれた子を指す〝外腹《ほかばら》〟や、劣った身分の母親から生まれたことを指す〝劣り腹〟なんて恐ろしいことばもある。

『源氏物語』には、源氏の親友の内大臣（昔の頭中将）が昔よそで生ませたあげく、引き取った近江の君という娘がいる。それを称して源氏は〝大臣《おとど》の外腹のむすめ〟と言い、近江の君自身は、やはり内大臣がよそで生ませた玉鬘が、尚侍《ないしのかみ》（内侍司の長官）に内定したことを知って、言う。

〝聞けばかれも劣り腹なり〟（聞けばあの人も劣り腹なのよ）

自分は女房も嫌がる仕事をして頑張っているのに、私と同じ〝劣り腹〟でもなぜあちらは皆にちやほやされて、人も羨む地位についているの？　と嫉妬したわけだ。

〝外腹〟と比べ、〝劣り腹〟は明らかに侮蔑の度合いが強い。

近江の君のことばには居並ぶ正妻腹の兄弟姉妹もあきれるが、庶民のあいだで平和に暮らしていた近江の君を「政治の駒」にすべく引っ張り出してきたのは父内大臣や、正妻腹の兄たちなのだ。なのに、近江の君があまりに庶民的で奥ゆかしさがない→使い物にならないと分かると、冷遇し、

「尚侍に空きが出たら私こそ希望したかったのに、無謀な望みを抱くものだね」

などと皮肉る。尚侍は女だけの職掌なのに、自分もなりたかったとからかったのだ。

怒った近江の君は、

「素晴らしいごきょうだいの中に〝数ならぬ人〟（人の数にも入らぬ者）は混じるのではありませんでした。〝中将の君〟（柏木。正妻腹の長男）こそあんまりです。おせっかいにも私をお迎えくださって、バカにしてからかうなんて。少々の人ではとてもやっていけないお屋敷だわ。ああ恐ろしい恐ろしい」

と異母兄に抗議して、さらに相手に言いつのられて泣いてしまう。

「逆玉」で出世した道長

〝腹〟がこのように取り沙汰されるのは、それだけ〝腹〟が大事だからだ。

どの母から生まれたか、その母の身分や地位によって、その子の運命が大きく変わるから、である。

近江の君を泣かせた柏木は、のちに朱雀院の女二の宮と結婚し、彼女を、〝下﨟の更衣腹〟(身分の低い更衣のお腹から生まれた方)と、内心軽く見る気持ちがあって、ひそかに〝落葉〟と侮っていた。彼女を「落葉の宮」と通称するのはここからきている。

柏木は一貫して、女二の宮の異母妹の女三の宮に恋していた。

天皇の妃には上から中宮(皇后)→女御→更衣という序列がある。柏木が女三の宮に執着したのは、一つには、同じ皇女でも、女二の宮が〝更衣腹〟であるのに対し、女三の宮は女御の生んだ〝女御腹〟だったからだ。

しかし柏木の身分が今一つ足りなかったため、結婚できた相手は〝更衣腹〟だった。諦めきれない柏木はのちに源氏の正妻となった女三の宮を犯してしまう。

こうして生まれたのが薫で、彼に至っては、女御腹の皇女との結婚が内定しても飽き足らず、

「これが〝后腹〟(中宮腹)だったら」

系図1 『源氏物語』内大臣の子供たち
「常夏」巻時点

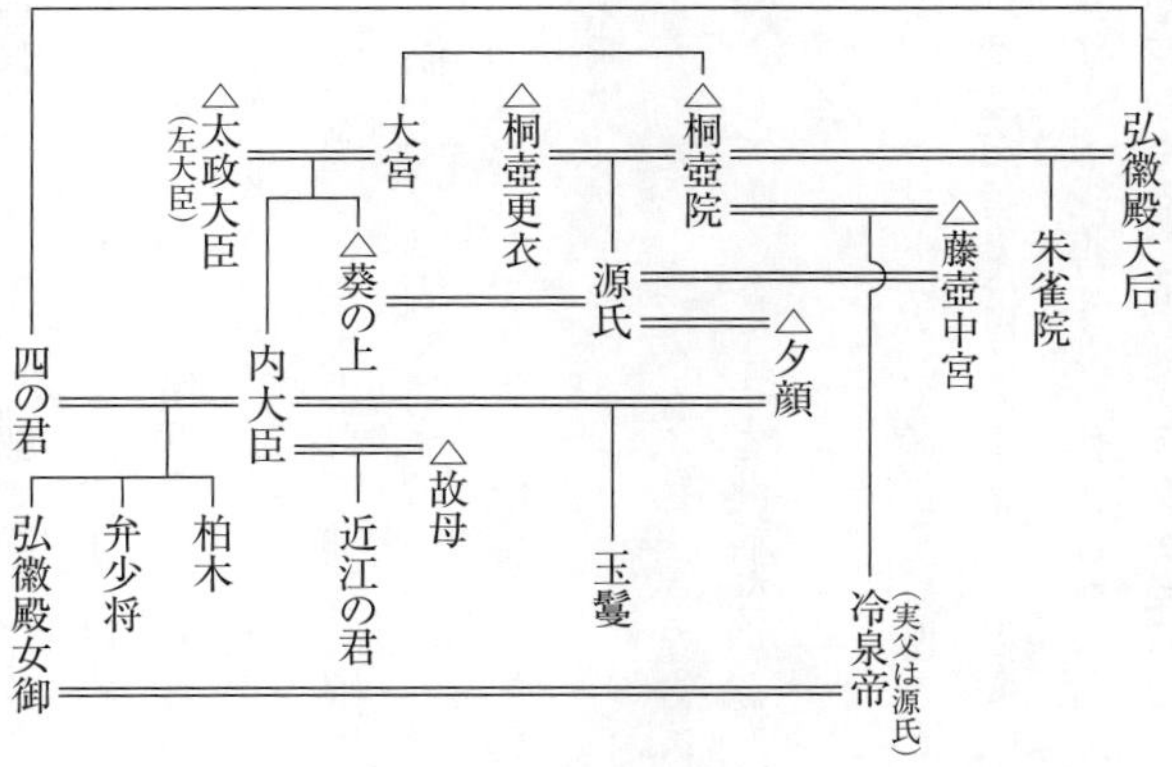

と夢想する。

現代人から見れば、いずれも高貴な皇女なのだが、平安貴族の感覚だと、〝后腹〟→〝女御腹〟→〝更衣腹〟というふうに、〝腹〟によってはっきり序列があった。

どの〝腹〟から生まれた子であるかによって、世間の評価も出世もすべて違うのが平安時代だったのである（系図1）。

こんなふうに〝腹〟＝母方がものを言う平安時代、女系を重視して妻選びをしたのが、紫式部が仕えた彰子の父藤原道長であった。

『栄花物語』によれば、兄の道隆が才女のキャリアウーマン高内侍《こうのないし》（高階貴子）、道兼が藤原遠量女といった格下の女と結婚する中、道長は、左大臣の〝嫡妻腹《むかひばら》〟（正妻の生んだ子）で〝后がね〟（将来はお后に）として大切に育てられていた源倫子と結婚する。

道長は藤原氏の中でも摂関家と言われる家柄だが、父の兼家は、母も正妻も受領階級出身だ。道隆、道兼、道長兄弟はすべて受領の娘から生まれている。

そんな中、道長は左大臣の正妻腹の娘という高嶺の花を狙う。

当然、倫子の父は大反対で、

〝あなもの狂ほし〟（なんと馬鹿げたことだ）（『栄花物語』巻第三）

と、相手にしなかった。

「誰が、たった今、そんな〝口わき黄《き》ばみたるぬしたち〟（くちばしの黄色い青二才連中）を婿として出入りさせて世話をするものか」

というのだ。

それを、イベントなどで道長を見たことのある倫子の母（藤原穆子）が、

「この君はただ者には見えません。私に任せてちょうだい」

と一人で縁談を進めた。娘の結婚に際しては、父より母が発言力をもっていたことからも、当時の母権の強さがうかがえる。

系図2『栄花物語』藤原道長の高貴な妻たち
道長と兄たちの妻の比較

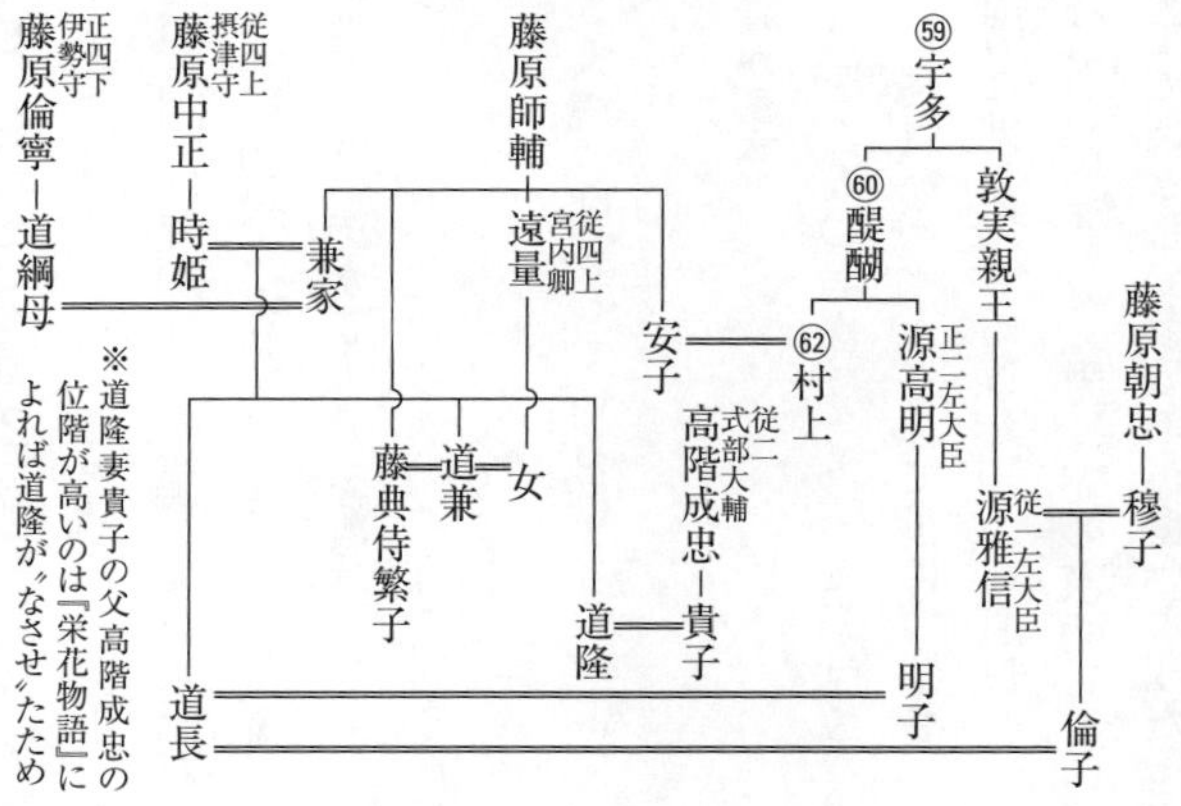

※道隆妻貴子の父高階成忠の位階が高いのは『栄花物語』によれば道隆が〝なさせ〟たため

こうしてめでたく左大臣家に〝婿取り〟（『栄花物語』）された道長だったが、父兼家はその〝位〟が左大臣家の婿としては浅いことを〝かたはらいたきこと〟（みっともない）と考えて、ほどなく道長を左京大夫《さきょうのかみ》に任じる。

それだけではない。道長の実家である兼家邸に仕える人々も、

「兄君たちの北の方たちは別段のこともないと思っていたら、この君は実にご立派できらびやかなお方に婿入りなさったものだ」

と、何かにつけて〝心ことに〟（格別に）気を配ってお仕えするようになった。高貴な妻との結婚が道長にもたらしたメリット

は絶大だったのだ（系図2）。

ちなみに道長は、倫子との結婚の翌年、やはり高貴な源氏の姫君明子と結婚している。その父源高明は醍醐天皇の皇子で左大臣だったが、藤原氏の策謀で大宰府に左遷されており、『源氏物語』の源氏のモデルの一人と言われる。

「この殿の北の方が二人とも源氏でいらっしゃるので、後世には源氏がお栄えになるに違いない」（〝この北の政所《まんどころ》の二人ながら源氏におはしませば、末の世の源氏の栄えたまふべき〟）

と、『大鏡』は評している。

婿取り婚が基本

高貴な妻たちのおかげもあって、地位や尊敬を得ることのできた道長は、長男頼通を、当代一の高貴な文化人として世に尊崇される具平親王の娘（隆姫）の婿にした。親王がこの結婚に乗り気であると知った道長は、

「〝男《をのこ》は妻《め》がらなり〟（男は妻の家柄しだいだ）。〝いとやむごとなきあたり〟（非常に高貴な家）に婿として参るのが良いようだ」（『栄花物語』巻第八）

と喜んでいる。

系図3を見ても分かるように、具平親王は村上天皇の皇子（七宮）で、麗景殿女御（荘子女王）の〝御腹〟（お腹から生まれた子）であり、北の方も村上天皇の四宮為平親王の娘で、源高明の娘の〝腹〟である。

このくだり、『栄花物語』ではいちいちどの母親の〝腹〟から生まれたかが明記されている。頼通の妻となる隆姫が、母方父方ともいかに高貴な〝腹〟から生まれたか、いかに血筋の良い娘であるかを強調しているのだ。

婿取り婚が基本の当時、頼通は、親王家に華やかに迎えられた。頼通のために親王家で用意された女房は二十人、童女や下仕えは四人ずつ、すべてが奥深く心憎いまでの有様だった。

道長の「愛人」だった紫式部

具平親王の姫と頼通との結婚に際しては、紫式部も、道長の相談に乗っていたことが『紫式部日記』からうかがえる。〝中務《なかつかさ》の宮わたり〟（具平親王家のあたり）との縁談に、道長が一生懸命になっているころ、紫式部を、

〃そなたの心よせある人〃（親王家に縁故のある人）と見なした道長がいろいろ相談してきたというのだ。それにつけても紫式部は、「本当に、心の中ではさまざまな思いに暮れることが多かった」（〃まことに心のうちは、思ひゐたることとおほかり〃）

と書く。

そして、彰子の皇子出産とその後の華やかな祝いの有様を綴っていた『紫式部日記』は、この記事を境に一転して暗いムードに突入する。

そんなところから、紫式部は独身時代、具平親王に仕えていた、男女の関係があったといった説もあるほどで、主人が女房に手をつけること（そういう女房を〃召人《めしうど》〃という『源氏物語』にも出てくる）の多さを思うと、それもあり得るという気もする。

系図4を見ていただきたい。

具平親王の子の頼成は紫式部の父方いとこ藤原伊祐の養子になっていて、紫式部の家と具平親王家に何かしらの関係があったことは確かである。

そもそも紫式部は同じ受領階級といっても、清少納言などと違って家格は高い。父方の曾祖父兼輔は中納言で、その娘（桑子）は醍醐帝に入内し、皇子ももうけている。

系図3 隆姫の血筋の良さ(『栄花物語』)

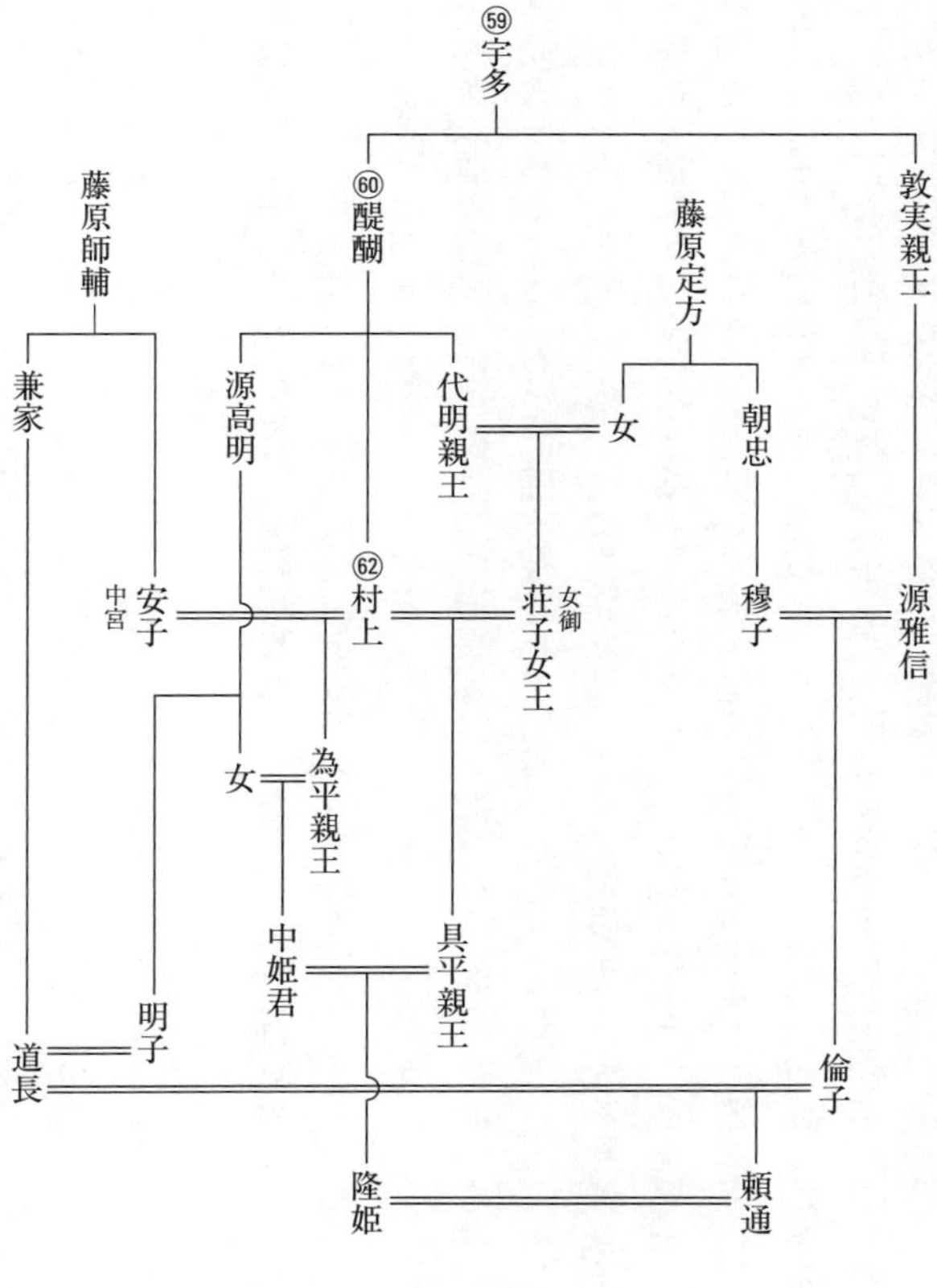

夫の宣孝の曾祖父定方は右大臣で、その娘は具平親王の母方祖母に当たる。

紫式部の父為時は受領の身分だが、その母はやはり右大臣定方の娘で、為時の母方いとこは源雅信の正妻である。つまり、道長と倫子の結婚を推し進めた穆子（倫子の母）は、紫式部の父のいとこだったのだ。

このように紫式部やその夫の先祖は上流階級に属しており、血縁には高貴な人々が少なからずいた。けれど紫式部や夫の代では受領階級に落ちぶれていた。

まるで『源氏物語』の明石の君のようなのだ。

しかも紫式部が『尊卑分脈』に〝御堂関白道長妾〟と記されているのは有名な話で、彼女が道長の愛人だったことは今では確実視されている。

紫式部は娘賢子を出産して二年後、夫に先立たれ、道長の娘彰子に仕える身になるが、きらびやかな先祖の運命がほんの少し変わっていたら……もしも桑子の生んだ皇子が政界に進出していたら……もしも彼が出世して娘が生まれていたら……その娘が天皇家に入内して生まれた皇子が東宮にでもなったら……あるいはもし、自分が道長の娘を生んで、その娘が高貴な正妻に引き取られ、天皇家に入内したら……などと、いくつものifを心に浮かべ、紡いでいったのが『源氏物語』ではないか。

系図4　紫式部と藤原道長

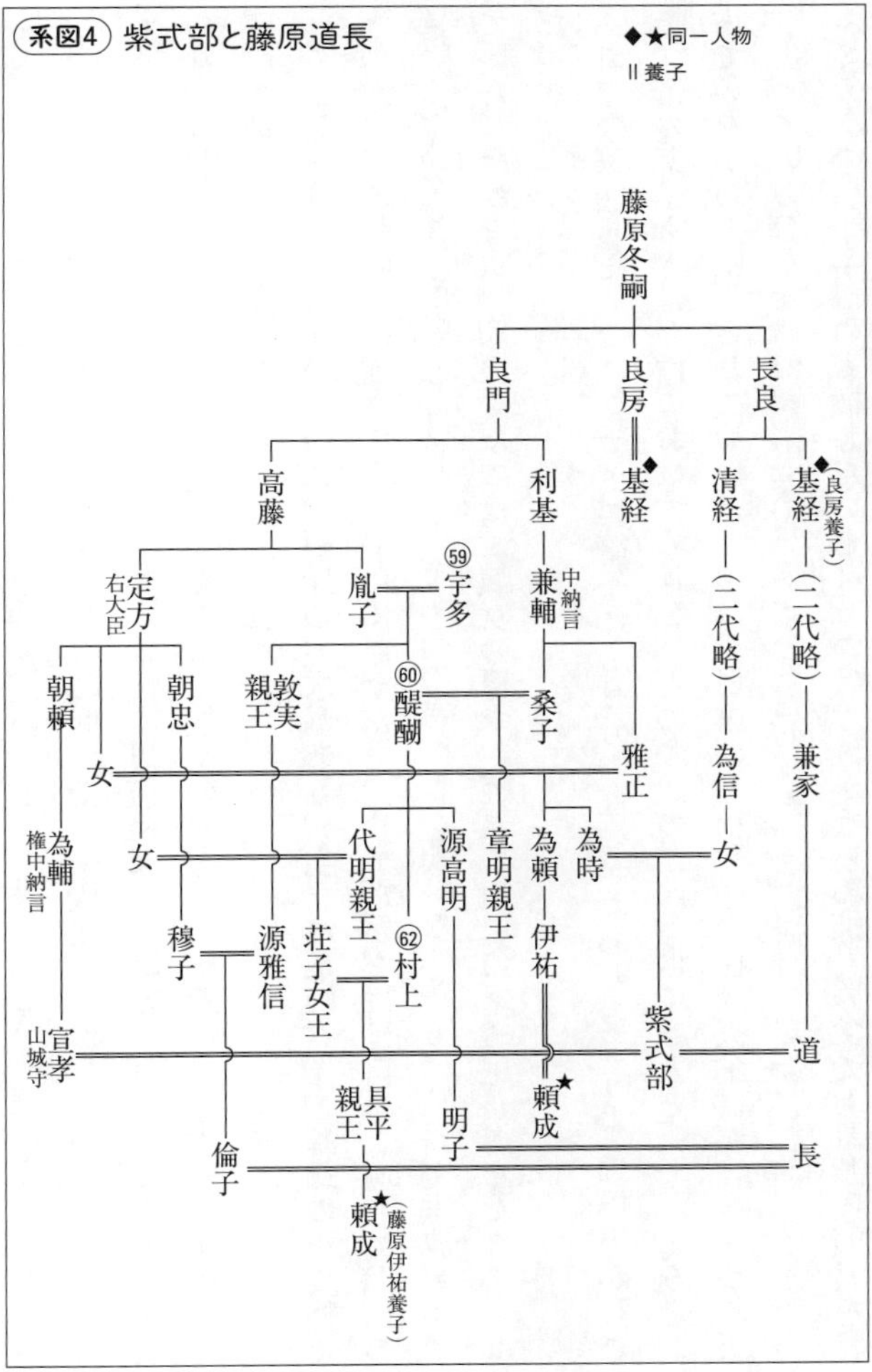

明石の君は、源氏の妻の中では最も身分の低い受領階級だ。しかし系図5を見ても分かるように、彼女の父方祖父（大臣）と源氏の母方祖父（大納言）は兄弟である。もとの身分は源氏の母方祖父より高かったのに、彼女の父方祖父が政治的に失脚、父は自ら望んで地方官僚となったため、落ちぶれたのだ。

こうした身分の低さのために、源氏の要求もあり、生まれた姫君を、源氏の正妻格であった皇族の紫の上の養女にする羽目になった。せめて姫君だけは自分と違って、人の〝数〟に入る身分になってほしい……明石の君はそう願いながらも、姫君を手放しかねていた。それを吹っ切らせたのは、彼女の母で、姫君の祖母である尼君のこんなことばだった。

「母方の家柄しだいで、ミカドの御子にも身分の違いがおありのようよ（〝母方からこそ、帝の御子もきはぎはにおはすめれ〟）。この源氏の君が、世に二人といないようなお方でいながら、臣下としてお仕えなのは、母方のお祖父様の亡き大納言が、今一つ階級が劣っていらしたせいで、〝更衣腹〟と人に言われた、その違いのためでしょう」

ミカドの皇子も母の家柄しだいというのは、ほかならぬ姫君の父である源氏の君を見

系図5 『源氏物語』「薄雲」巻時点
「源氏の母」と「明石の君の父」はいとこどうし

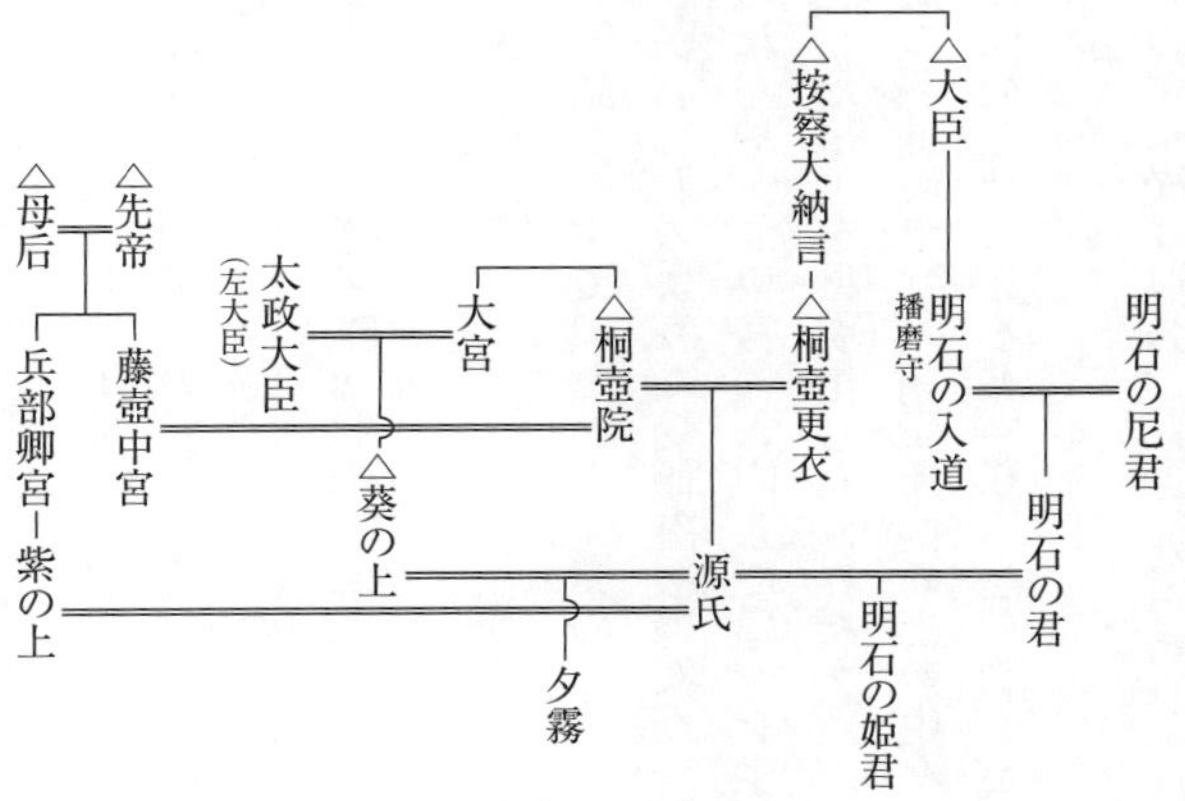

れば分かる。あれほど優れた方でありながら、臣下として〝源氏〟を名乗っているのも、〝更衣腹〟と世間に言われたせいではないか。

平安時代の天皇の子女の地位を考える上で、これほど判りやすいセリフもない。『源氏物語』は、同じミカドの皇子であっても、〝更衣腹〟と侮られる当時の社会の構造がなければ生まれなかった。源氏が源氏になったのは、正確に言うと、幼くして母方の親族を亡くした彼を案じる父桐壺帝が「無《む》品《ほん》（位階のない）親王として〝外《げ》戚《さく》〟（母方の親戚）の後見もない不安定な状態になるよりは、臣下として朝廷の補佐をさせたほうが将来も安心だ」と考えたためだ。が、世間では、「あれほど優れた方がミカドにもならず、臣下として世に仕えている」という目で見ており、それは「〝更衣腹〟ゆえ」と受けとめていたのだ。

そんな源氏と、明石の君が、明石で出逢い、女子を成した。その女子が東宮に入内して、皇子たちを生み、東宮が即位すると、第一皇子は東宮となる。つまり明石一族が、天皇家の外戚となることは確実になるのだ。

〝数〟ならぬ身の夢

『源氏物語』の中で、葵の上、紫の上、女三の宮といった高貴な妻たちが源氏の娘を生まず、明石の君のような受領階級の女だけが源氏の娘を生んで、その娘が高貴な妻に引き取られ、やがて東宮に入内して皇子を生む……というストーリー運びなのは、紫式部の夢想したifを具現化した世界だから、ではないか。

源氏の孫世代では、高貴な葵の上の生んだ夕霧の子が、明石の君の生んだ姫君の皇子たちに仕える身になるという「逆転劇」を、我が身に重ねて描きたかったからではないか。

明石の君が繰り返し、〝数〟ならぬ身のほどを嘆いているのも、『紫式部日記』に見える紫式部の嘆きに重なる。

具平親王にゆかりのある者として、道長に相談を受けたと記した紫式部は、楽しげに遊ぶ水鳥もその身はさぞ苦しかろうと我が身に引き寄せ、天皇の輿を担ぐ駕輿丁に自分を重ねながら、思っている。

「高貴な人とのつきあいも、自分の身の程には限度があるにつけても、まったく安らかな心地はしないのだよ」(〝高きまじらひも、身のほどかぎりあるに、いとやすげなしかし〟)

『源氏物語』は、高貴な先祖をもちながら没落した紫式部の、プライドとコンプレックスの物語とも言える。

第六講　平安貴族はなぜ「兄弟」「姉妹」だらけなのか

出世の決め手は「母方」

「文化資本」ということばがある。フランスの社会学者ピエール・ブルデューが広めたもので、家庭で獲得される趣味教養やマナーと、学校で習得される知識や技能との二種に大別されるが、問題となるのは前者だ。親に読書の習慣があれば、言われなくても本を読む子になったり、親の仕事で海外生活が長いと、子供は苦もなくバイリンガル、トリリンガルになったりする。これが家庭で獲得される文化資本で、気がつくと身についていることから「身体化された文化資本」と呼ばれたりもする。努力じゃ得られぬ＆金でも買えぬそれらをたくさん持ってる人ほど学問に親しみやすく、結果的に親と同等の高い学歴と地位を得られるという身も蓋もない社会の仕組みを、ブルデューは統計的に証明した。

　ましてテレビも本屋も図書館も義務教育もない平安時代、家庭で得られる文化資本が人に与える影響は今の比ではない。

　古典文学を読むたびに系図を作るようになってまず驚いたのは、平安貴族の思わぬ血筋の結びつきである。

　紫式部と彼女が仕えた中宮彰子が数代さかのぼると同じ血筋だったり、『蜻蛉日記』で名高い道綱母（彼女も紫式部や彰子と同系）の姪が『更級日記』の作者菅原孝標女というのは有名な話だ。が、私家集などを読みながら系図を作っていると、道綱母の兄弟が清少納言の姉と婚姻関係にあったり、歌人和泉式部の姪が紫式部の兄弟の恋人だったりして驚く。

　平安時代の文学者系図を作ると、有名文学者のほとんどが一つにおさまる勢いだ（系図1）。

　印刷技術も発達していない当時、本を読みたければ、持っている人に借りて写すしかない。しかし持っている人というのは一部の貴族なのだから、当然、狭い身内で知識が共有されることになる。

　「文学者系図」ができてしまうゆえんだが、こうした狭い血筋の中で上に行く者と下に

系図1 平安文学者系図

『伊勢物語』『紫式部日記』
『栄花物語』『尊卑分脈』等による

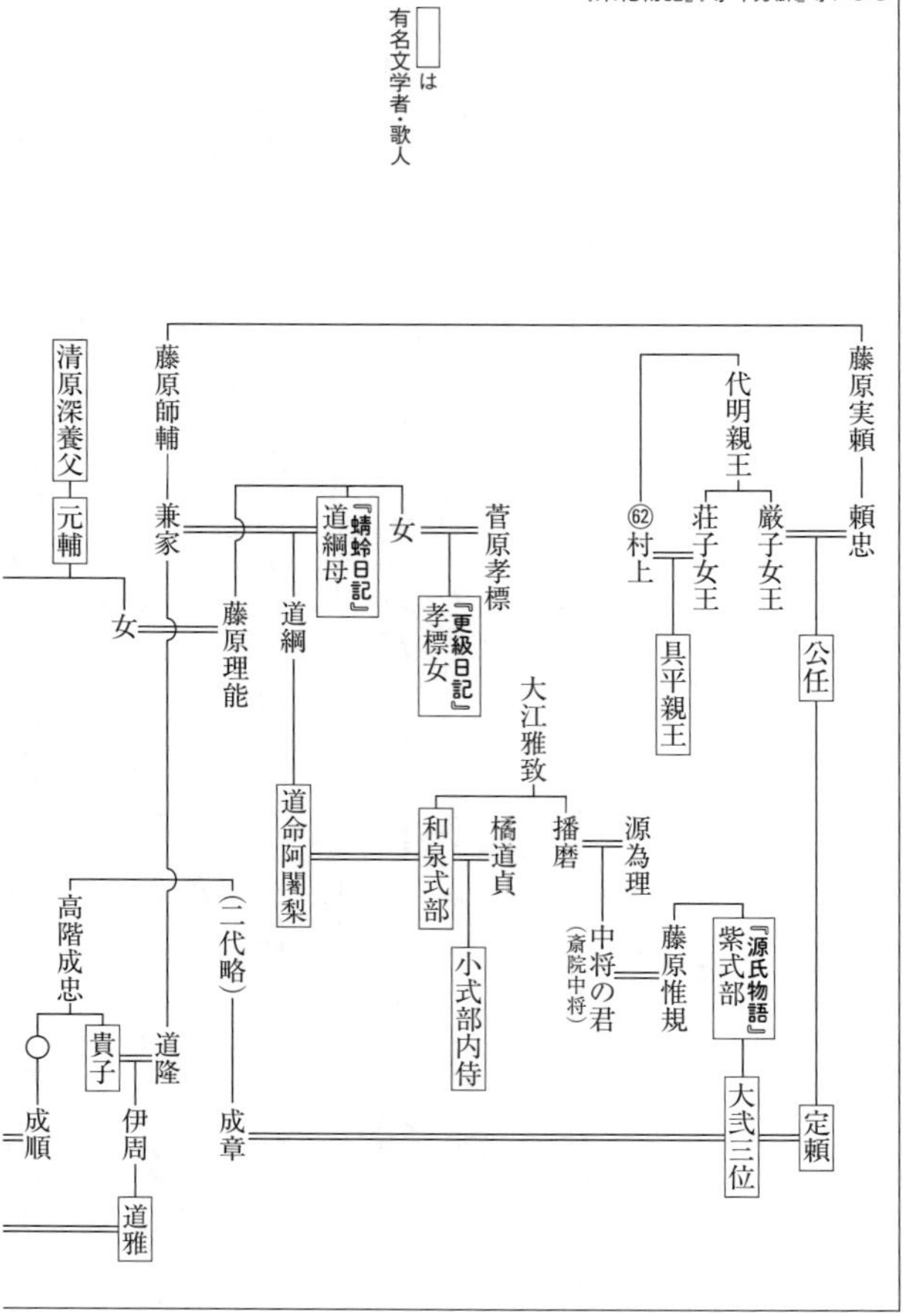

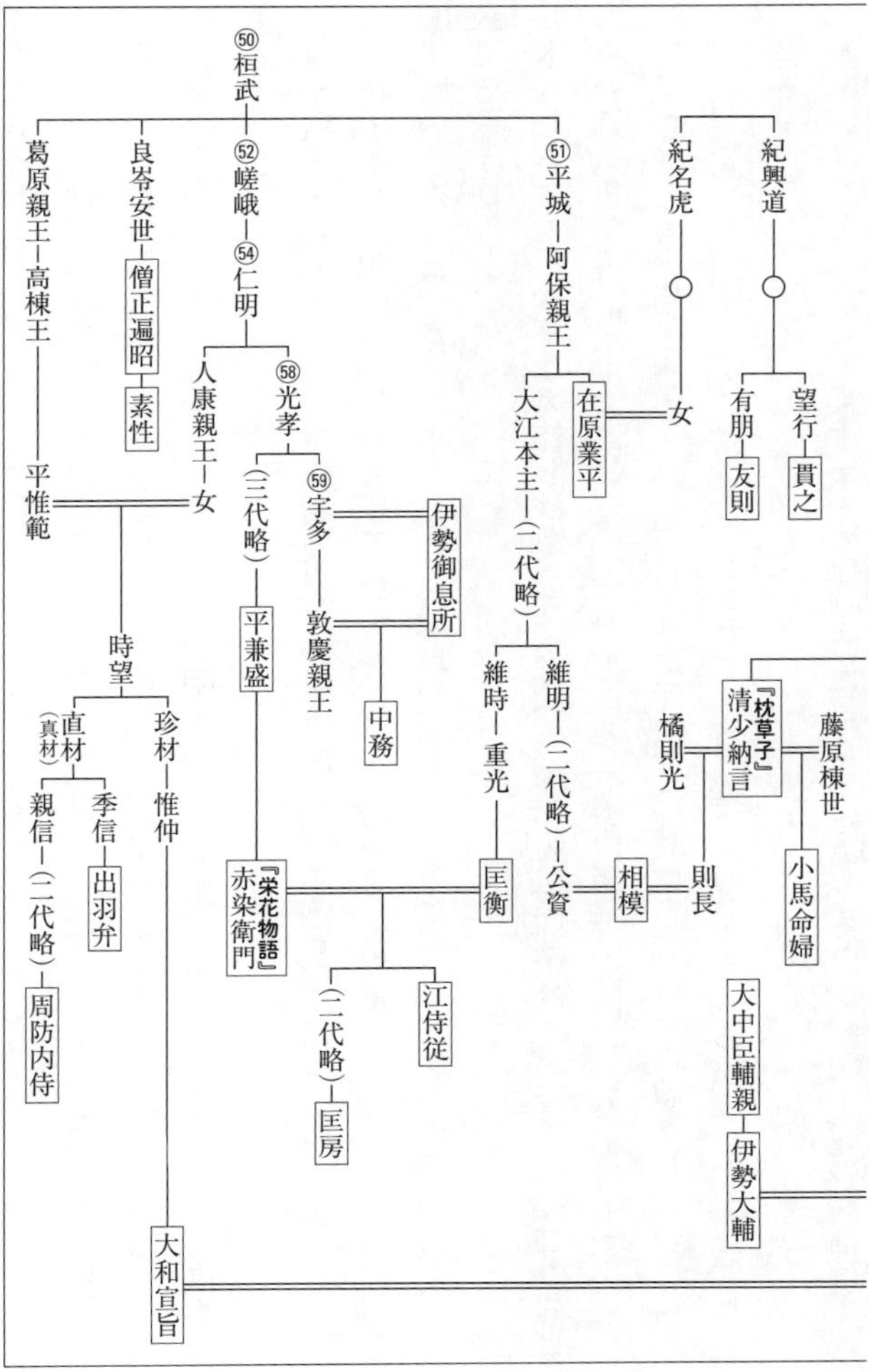

50 桓武
葛原親王
高棟王
平惟範
良岑安世
僧正遍昭
素性
52 嵯峨
54 仁明
人康親王
女
58 光孝
（三代略）
平兼盛
『栄花物語』赤染衛門
59 宇多
伊勢御息所
敦慶親王
中務
時望
直材（真材）
親信
（二代略）
周防内侍
季信
出羽弁
珍材
惟仲
大和宣旨
51 平城
阿保親王
大江本主
（二代略）
維時
重光
匡衡
江侍従
（二代略）
匡房
維明
（二代略）
公資
相模
在原業平
女
紀名虎
紀興道
有朋
友則
望行
貫之
橘則光
則長
『枕草子』清少納言
藤原棟世
小馬命婦
大中臣輔親
伊勢大輔

行く者がいる。

その違いは、本人の能力や運もさることながら、母方の違いによる場合が大きい。

藤原道長には源倫子と源明子という二人の高貴な北の方がいるが、最初に結婚し、父源雅信も存命だった源倫子の子のほうが、明子の子より出世も早く、結婚相手も高貴である。

倫子腹の娘たちが、彰子→一条天皇、妍子→居貞親王（三条天皇）、威子→後一条天皇、嬉子→敦良親王（後朱雀天皇）など、いずれも東宮や天皇に入内しているのに対し、明子腹の娘たちは、寛子→小一条院（道長の圧力で東宮を退位）、尊子→源師房……といった具合である。

本人たちにも不本意な気持ちはあったようで、明子腹の尊子はこの縁談に〝こころよからぬ御気色《けしき》〟（意に染まないご様子）だったと『栄花物語』は言う（巻第二十一）。

息子のほうも、倫子腹の「頼通と教通は元服と同時に正五位下に叙されたのに対して」、明子腹の「四人は従五位上に叙されて」「昇進のスピードもちがう」（大津透『道長と宮廷社会』）。

あるいはこうしたことも手伝って無常観に目覚めたのだろうか、明子腹の顕信は十九歳の若さで（『栄花物語』によれば十七、八で）出家している。
が、出家した顕信はともかく、系図をたどると明子腹の頼宗、長家をはじめ、源師房との結婚に〝こころよからぬ御気色〟を示した尊子の子孫にも、女系図をたどれば錚々たる面々が並ぶ。

系図2を見てほしい。

尊子の子孫は、倫子腹の皇族や頼通の子孫と婚姻を重ねながら天皇家・摂家に血を送り込む一方、堀河院母源賢子、院政期の実力者源通親（『とはずがたり』作者後深草院二条はその曾孫）を輩出し、さながら院政時代の覇者の様相を呈している。

ちなみに長家の子孫には、鎌倉初期の文学界を牽引した俊成・定家親子がいる。この系統は御子左家と呼ばれ、以後、歌壇の中心として権威を持ち続ける。

藤原定頼というモテ男

歌壇と言えば、私が**系図1**のような平安時代の文学者の相関図を作るに至ったのは、平安時代の私家集にはまっていた時のこと。有名女流歌人の家集を読んでいると、彼女たちが男を介して、つまりセックスを通じてあまりに近い関係にある、と驚いたのがきっかけだ。

そうして家集を読むたび系図を作っているうち、気づいたことがあった。

こいつ、よく出てくるなぁという奴がいる。

それが藤原定頼だった。

紫式部の娘賢子（大弐三位）の『大弐三位集』や相模の『玉藻集』で実に熱いやり取りをしている。

大弐三位の家の門の近くにある荻の葉の端を、馬で通りかかった定頼が結んでいたと聞いた翌朝、

「なおざりにあなたが穂末を結んだ荻の葉が音も立てないように、なぜ一言も私に声をかけずにあなたは行ってしまったの」（〝なをざりに穂末をむすぶ荻の葉の音もせでなど人の行きけん〟）

大弐三位が詠むと、

「素通りしかねて結んだものを、その荻の葉が音も立てなかったように、あなたのほうこそ一言もなく寝てしまったくせに」（〝行きがてに結びしものを荻の葉の君こそ音もせではねにしか〟）

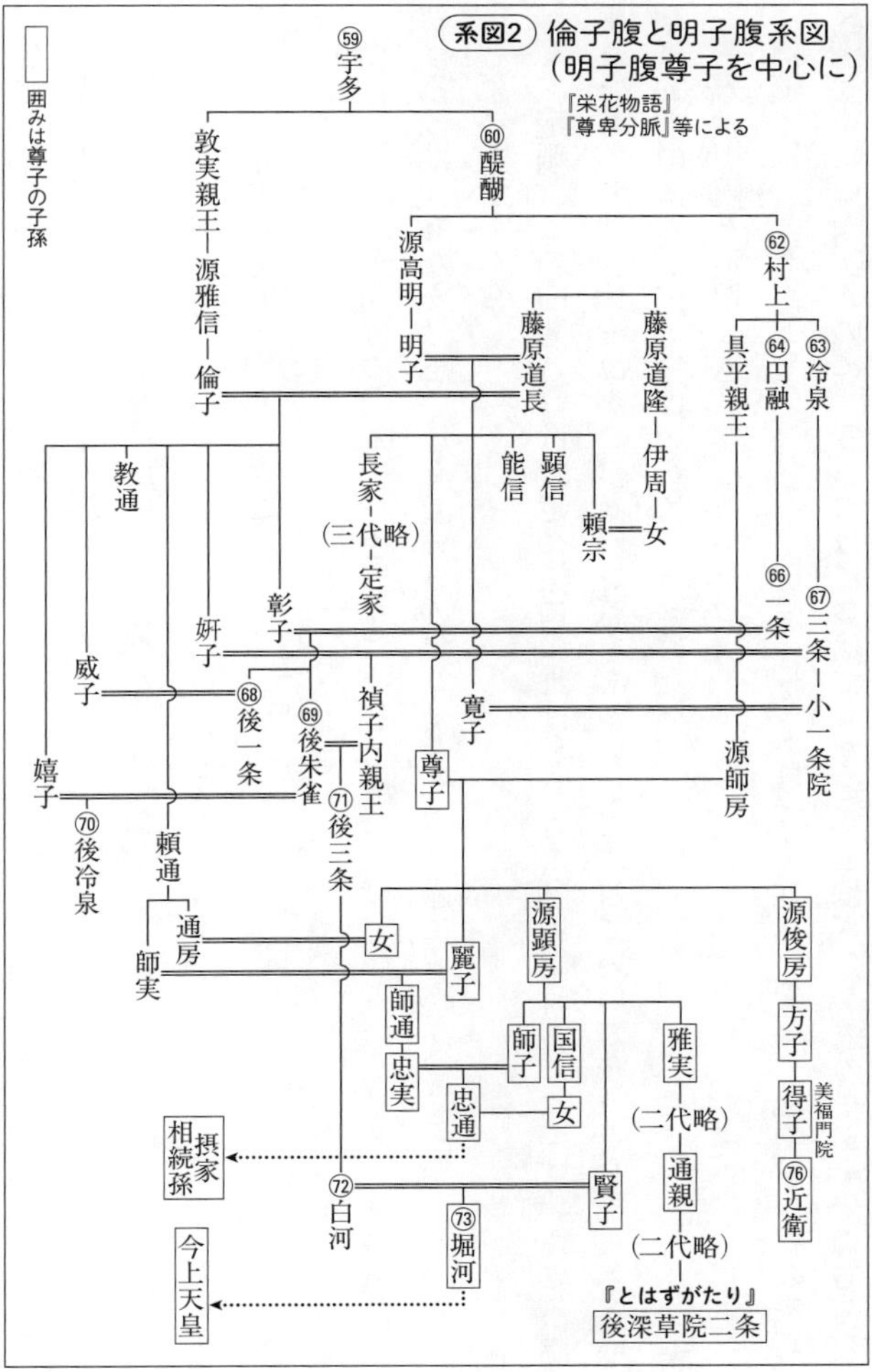
系図2 倫子腹と明子腹系図
(明子腹尊子を中心に)
『栄花物語』
『尊卑分脈』等による
囲みは尊子の子孫
59宇多
敦実親王
源雅信
倫子
60醍醐
源高明
明子
62村上
藤原道長
藤原道隆
伊周
女
頼宗
顕信
能信
長家
(三代略)
定家
具平親王
64円融
63冷泉
66一条
67三条
小一条院
源師房
教通
彰子
妍子
威子
68後一条
69後朱雀
禎子内親王
寛子
尊子
嬉子
70後冷泉
71後三条
頼通
通房
師実
女
麗子
源顕房
源俊房
師通
忠実
師子
国信
女
忠通
雅実
(二代略)
通親
(二代略)
賢子
72白河
73堀河
方子
得子
美福門院
76近衛
摂家相続孫
今上天皇
『とはずがたり』
後深草院二条

定頼が応える。

また、大弐三位が、白い菊を添えて、

「薄情なところもあるあなただけど、あなた以外の誰に見せようか、この白菊の花を。私もあなた以外の男には見せません（セックスしません）」（〃つらからん方こそあらめ君ならで誰にか見せむ白菊の花〃）

と詠めば、

「初霜と見まがう間垣の白菊を、色あせていると決めつけているのでは？　私の気持ちが移ろったとあなたは思い込んでいるのでしょう」（〃初霜にまがふ籬《まがき》の白菊をうつろふ色と思ひなすらん〃）

と、定頼。この白菊の歌は、定頼集によれば彼女との関係が疎遠になっていたころ詠まれたもので、大弐三位がこんなに好意をあからさまにしていいの？　と心配なくらい積極的なのに対し、定頼はいかにもそっけない。

一方、相模と定頼の歌はこんな感じ。

〈相模〉「木の葉が散るにつけてもなぜ言葉をかけてくれないの？　蓬《よもぎ》の茂る私の家も区別せずに嵐は吹くのに」（〃言のはにつけてもなどかとはざらん蓬のやとも分ぬあらし

を〟)

〈定頼〉「蘆の八重葺きのようにほんの少しのひまもないのだ。ひまさえあれば音を立てぬ風はないと分かってくれ」(〝やへ吹《ぶき》のひまだにあらば芦のやの音せぬ風はあらしとをしれ〟)

やはり積極的な女に対し、「ひまがない」とは千古の昔から男の言い訳は変わらない。

女泣かせの「美声」

これは……と思って古典文学を注意して読んでみると、勅撰和歌集の『後拾遺和歌集』にある歌人、大和宣旨《やまとのせんじ》の歌三首のうち二首が定頼にあてたものだった。

「はるばると野の中に見える、人に忘れられた流れのように、あなたの訪れが絶え間がちなのを嘆いている今日このごろよ」(〝はるばると野中に見ゆる忘れ水たえまたえまをなげくころかな〟)

「恋しさを我慢できずに鳴く空蟬のように、うつし心……正気もなくなってしまいました」(〝こひしさを忍びもあへぬうつせみのうつし心もなくなりにけり〟)

やっぱり女が夢中になっている。

そして小倉百人一首に収まる小式部内侍の有名な歌も定頼にあてたものである。

「大江山を越えて行く生野の道は遠いので、まだ踏んでみたことがないの、天橋立は。まだ文は見ていません」（〝大江山いくのの道の遠ければまだふみも見ず天《あま》の橋立〟）

これは小式部の母和泉式部が夫藤原保昌について丹後国に下った時、京で歌合があって、その時、定頼がふざけて小式部に、

「丹後の国にやった使いはもう帰って来ましたか？　どんなにはらはらなさっているでしょうね」

と言った。和泉式部は名高い歌詠み。その娘の小式部は、どうせ母親に歌を代作してもらっているんだろう、今日の歌合の歌を詠んでもらうため、母親に遣わした使者はもう帰って来たのかい？　と、バカにしてからかったのだ。

『十訓抄』（三ノ一）によれば、そう言って、定頼が小式部の部屋を通り過ぎようとした時、御簾の中から体半分を出した小式部が、定頼の直衣の袖をわずかに引いて、詠んだ歌が〝大江山〟である。

小式部と定頼は親密な仲となり、『宇治拾遺物語』（巻第三）によれば、小式部のもとに時の関白教通が通っていたころ、鉢合わせした定頼が経を読んで去っていった。遠ざ

かる定頼の声に、小式部は〝う〟と言うなり後ろを向いてしまった。美声で知られる定頼の経に感動して泣いてしまったのだ。面目を失った教通はのちに「あれほど耐えがたく、恥ずかしいことはなかった」と述懐したという。

こうしたエピソードだけ見ると、定頼はずいぶん嫌味な男に感じるが、それにしては、大弐三位、相模、大和宣旨、小式部という名だたるインテリ女性たちの惚れっぷりが甚だしい。

実は定頼の父は当時、四納言の一人といわれた知識人の藤原公任。定頼の母は『大鏡』のことばを借りれば〝いとあて〟（非常に高貴）な人だ。というのもこの母は、昭平親王（村上帝皇子）の子で、しかも藤原高光（父師輔、母雅子内親王）の娘の〝腹〟だからである。

そんなわけで、この定頼も、

〝いとやむごとなし〟（まことに高貴）

物凄いサラブレッドだったのだ。

もっともその祖父頼忠や曾祖父実頼は共に氏長者（平安時代以降の氏族の首長。氏の中の官位第一の者がなり、氏を統率する）で太政大臣にのぼりつめたものの、天皇家の外戚になり損ねたために、氏長者ではない師輔の子孫（兼家・道長父子）に氏長者の地位は移っていき、父公任は権大納言止まり、定頼自身は権中納言止まりで終わる。

それでも血筋の高貴さもあって世間の声望は高く、定頼は『大鏡』によれば〝心あり、歌なども上手〟とあり、『栄花物語』によると、長谷に籠もっていた父公任のもとに新年の挨拶に訪れた定頼の姿が、場所柄もあって、

〝光るやうに〟

見えた。そのため、

「他人の子として見たら羨ましくて自分の子にしたいに違いないような子だ。見た目、顔形、気だて、学才、すべてがなぜこんなにも揃っているのか」

と感動のあまり、公任は涙を浮かべた、という（巻第二十七）。

高名な知識人の子でイケメンで性格も学才も素晴らしい。『源氏物語』の〝光る〟源氏さながら。名だたる女流歌人がめろめろになるのも無理はなかったのだ。

この定頼絡みで気になったのが、紫式部の娘賢子（大弐三位）の男関係。

母紫式部の男関係は夫藤原宣孝のほか、確実視されているのは藤原道長ていどだったのに対し、幼少時から上東門院（彰子）に仕え、都の貴族社会に馴染んでいた賢子の男関係は華やかだ。

彼女の家集から見えてくるセックス相手は定頼だけではない。系図3を見れば分かるように、関白道兼の子兼隆、源倫子の甥朝任、道長の子頼宗、高階成章といった男たちとも彼女は関係を持っている。このうち兼隆とは子をもうけ、高階成章とはその正妻となり、彼が大宰大弐に任ぜられたこと、また彼女自身が後冷泉天皇の乳母であったためその即位に当たって従三位に叙せられ、大弐三位の名で呼ばれる。

当時の宮仕え女房はこのように離婚再婚を繰り返し、また同時に複数の恋人を通わせることも少なくない。そのことは、やはり定頼と関係のあった相模や大和宣旨、小式部内侍の性愛関係を見ても分かる。

『小大君集』に描かれるレイプ事件

私家集にはまっていたころ最も印象に残ったのが『小大君集』だ。小大君の系譜は未詳で、東宮時代の三条天皇に仕えていたと言われ、正暦年間（九九〇〜九九五）に盛ん

系図3

インテリ女喰い
定頼系図

『四条大納言集』『定頼集』
『大弐三位集』『玉藻集』
『後拾遺和歌集』『大和物語』
『大鏡』等による

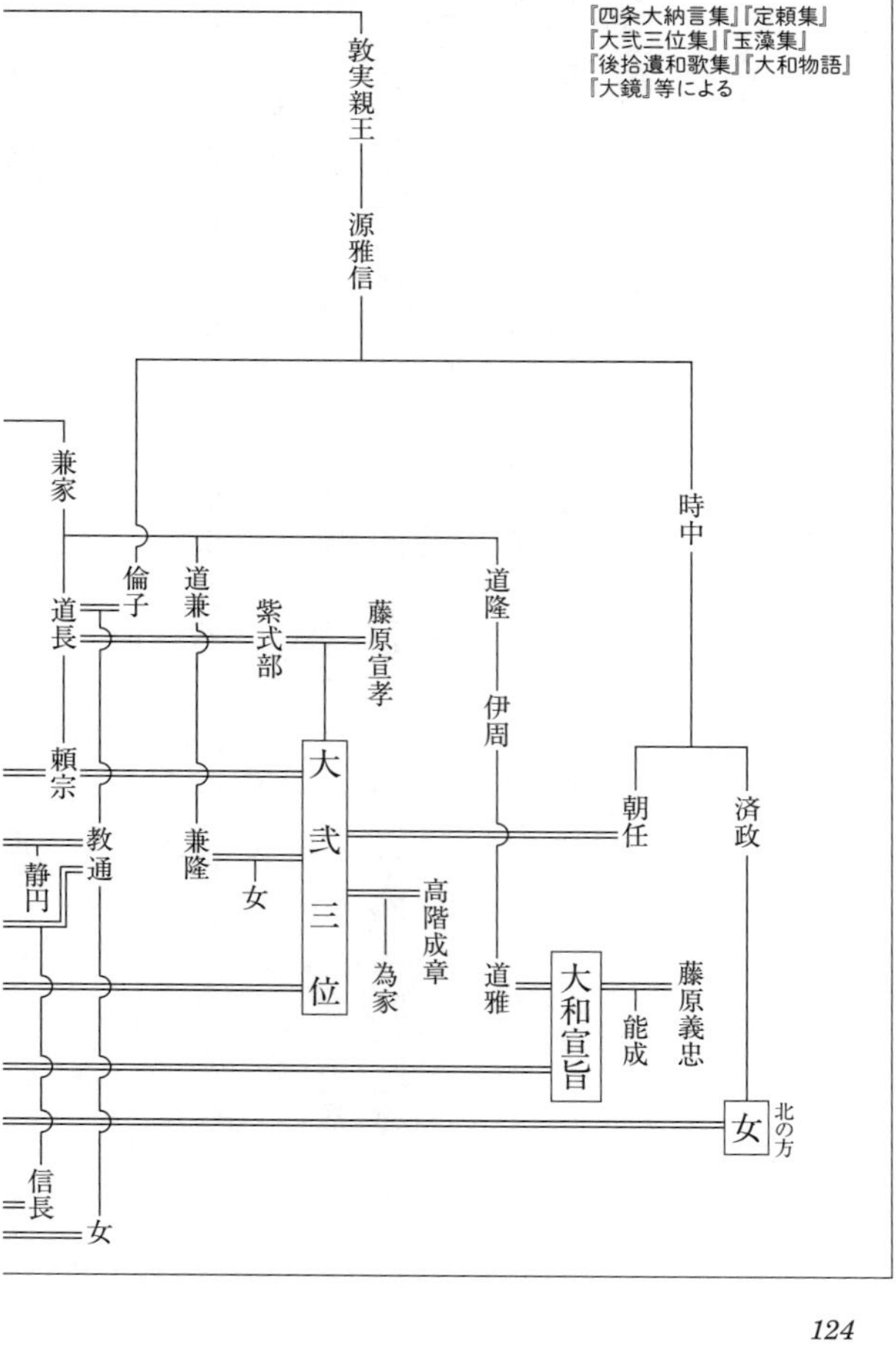

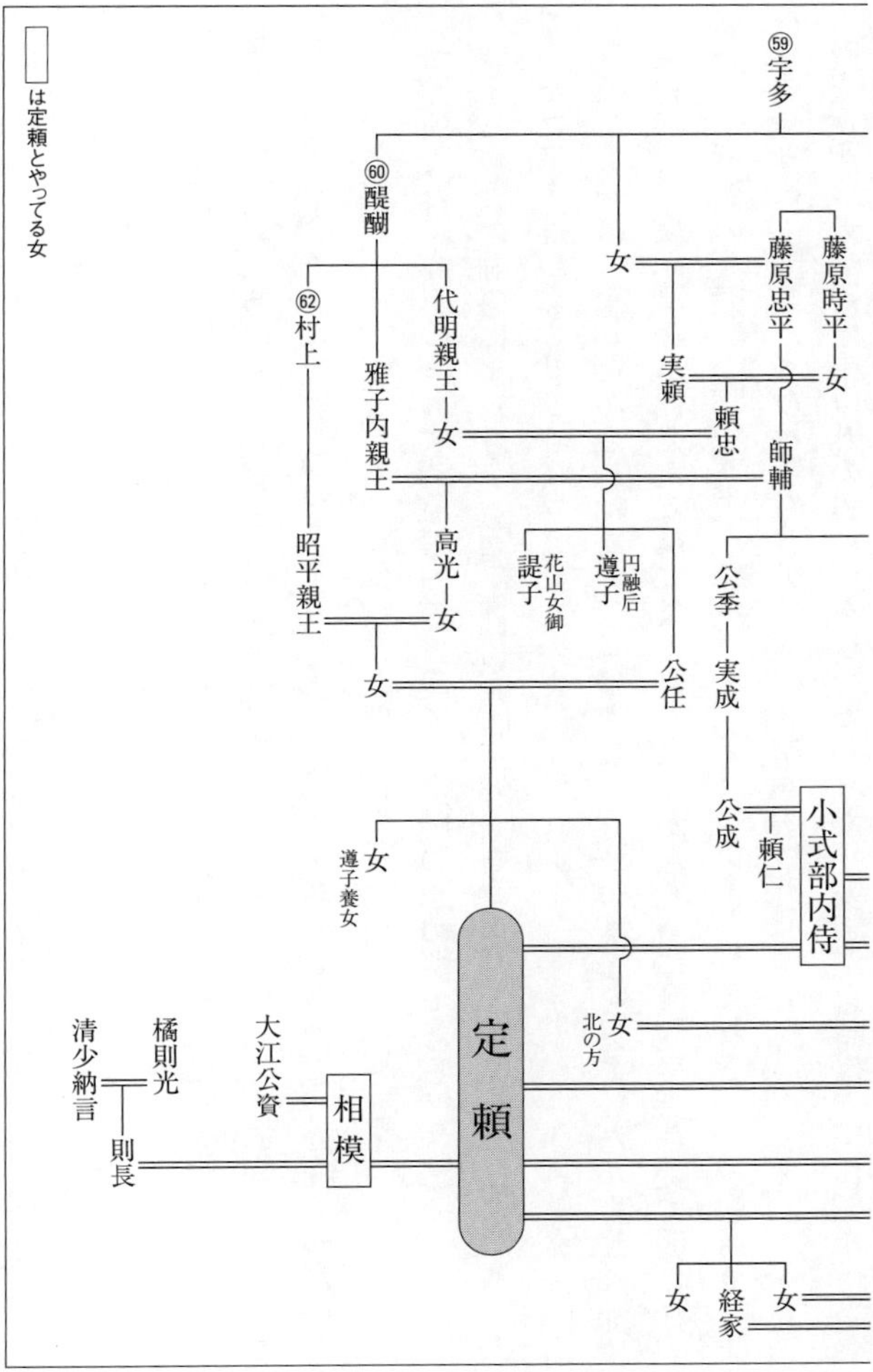
は定頼とやってる女
⑤⑨宇多
⑥⓪醍醐
女
藤原時平
藤原忠平
女
実頼
代明親王
女
頼忠
⑥②村上
雅子内親王
師輔
高光
女
昭平親王
女
円融后
遵子
花山女御
諟子
公任
公季
実成
公成
頼仁
小式部内侍
女
遵子養女
定頼
女
北の方
清少納言
橘則光
則長
大江公資
相模
女
経家
女

に歌を作っていたというから、清少納言が定子中宮の女房として名を馳せていたのと同時期に活躍した歌人である。

そんな彼女の私家集にこんな詞書をもつ歌がある。

「〝宮〟（東宮）に、修理蔵人の名でお仕えしている女房が、台盤所に一人でいたところ、〝それとらへよ〟（あれをつかまえろ）と東宮が〝ゆきより〟（行頼？）に仰せになったため、〝ゆきより〟が彼女をつかまえて、少しも放さず共寝したので、一晩中かわいそうに思って寝ながら、〝ゆきより〟が起きて帰る時に詠んだ」

台盤所とはミカドのおわす清涼殿内の一室で、女房の詰め所である。

要するにこの詞書によれば、三条帝は東宮時代、〝ゆきより〟に命じ、台盤所に一人でいた女房を捕らえさせ、レイプさせたのだ。

三条帝も一緒に犯したかもしれないし、犯される女房の様子を見ていたかもしれない。

鎌倉時代、後深草院に仕えた女房二条の『とはずがたり』には、後深草院に促され、二条が〝近衛の大殿〟（藤原兼平）と共寝するシーンがあり、それを院が〝寝入りたまひたるやうにて聞きたまひける〟というくだりがある。

貴族女性が夫や親兄弟以外の男に顔を見せなかった平安・鎌倉時代、男に顔をさらさざるを得ない女房には、こんな危険もつきまとっていた。

紫式部がその日記で、

「宮仕えにすっかり馴れきってしまったのも、我ながら厭わしい身の上よ」(〝こよなくたち馴れにけるも、うとましの身のほどや〟)(『紫式部日記』)

とぼやくのも、この手の危険があるからで、紫式部自身、宴会で女房相手に「聞き苦しいふざけ声」(〝聞きにくきたはぶれ声〟)をあげる公達におびえ、隠れたところを捕まって、「歌を詠めば許してやる」などと脅されている。

『小大君集』のくだりを読むにつけても、身分制の怖さや、望まぬ性と向き合うこともある女房の悲哀を感じる。

しかも平安時代の恐ろしいのは、そうした女房と、彼女らを使う側が、近い親戚同士だったりすることで、そこから嫉妬や恨みや怨念といったマイナスの感情が醸成されていくことなのだ。

補講その三　究極の男色系図

五味文彦の「院政期政治史断章」（『院政期社会の研究』所収）は、中世史を学ぶ者のみならず（大学での私の専門は中世史）、古典文学の研究者にも衝撃を与えた論文だ。そこには、院政期の政治と密接に関わる男色の実相が、とくに悪左府と呼ばれた藤原頼長を中心にあぶり出されている。

頼長が関係した男たちは、五味氏が確認しただけでも七人。

そのうち源成雅《なりまさ》は頼長の父忠実にも寵愛されており、そのことは忠実のことばを記録した『富家語《ふけご》』からも分かる。忠実が言うには、

「亡き信雅《のぶまさ》は顔は美しいが〝後《うしろ》〟（お尻）はすこぶる劣っていた。その息子は成雅だ。成雅は顔は劣るが〝後〟は厳父に勝っている。そのため甚だ寵愛したのだ」

ということは忠実は、源信雅・成雅を父子ともども犯していたことになり、成雅のほうは忠実・頼長父子二人と関係していたことになる。

源信雅・成雅よりも家格の低い藤原家成の子に至っては、隆季、家明、成親という三

系図1 伊予介の家族を「総嘗め」する源氏

『源氏物語』「空蟬」による

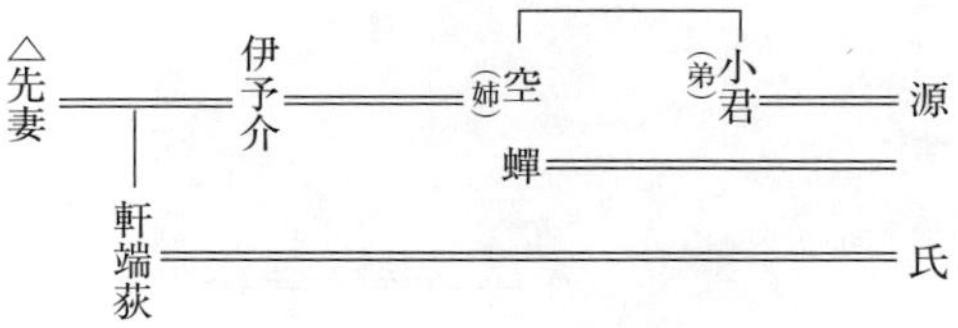

兄弟が頼長と関係。とくに隆季は頼長に目をつけられて、頼長はやはり男色相手で、隆季のいとこの藤原忠雅を通じて隆季に関係を迫っていた。「これに応じないとみるや、賀茂泰親から祈禱符を得て成就を祈った」（五味氏前掲書）というのだから、大変な執着ぶりだ。希望が叶ったあとは、しばらくは忠雅を交えて三人で交流していた、と言う。

　一家ぐるみで頼長と関係していた家成一門は、平安中期の『源氏物語』の源氏と伊予介の家族の関係を彷彿させるものがある。受領階級の伊予介もまた、妻空蟬をはじめ、娘の軒端荻、義理の弟である小君といった家族を、大貴族の源氏に犯されていた。ま

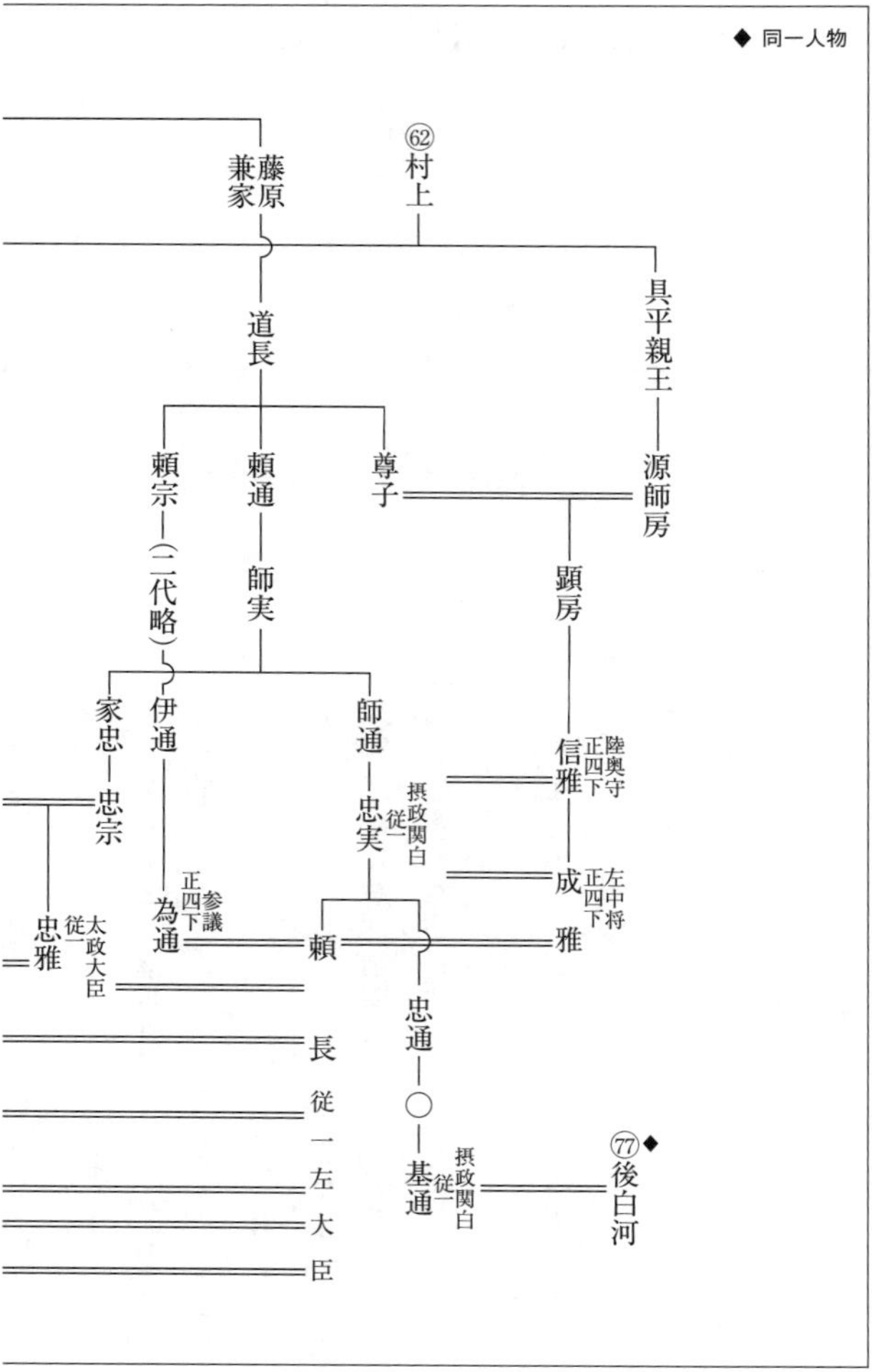

◆ 同一人物
62 村上
藤原兼家
道長
具平親王
源師房
頼宗
頼通
尊子
(二代略)
師実
顕房
家忠
伊通
師通
信雅 陸奥守 正四下
忠宗
忠実 摂政関白 従一
成雅 左中将 正四下
為通 参議 正四下
忠雅 太政大臣 従一
頼長 従一左大臣
忠通
○
基通 摂政関白 従一
77 後白河 ◆

系図2　院政期の男色系図 藤原頼長を中心に

五味文彦
『院政期社会の研究』
『富家語』
『台記』
『今鏡』
『尊卑分脈』による

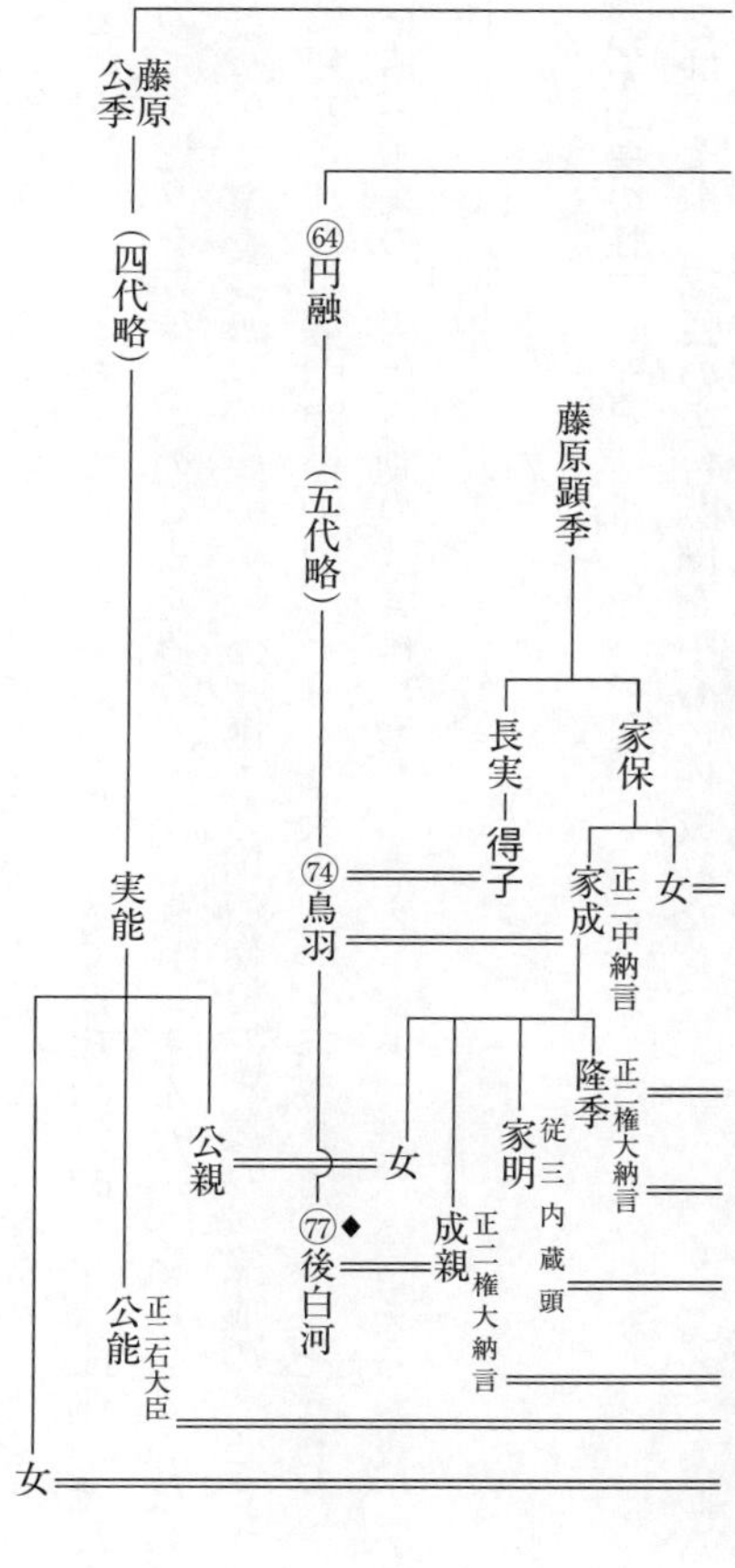

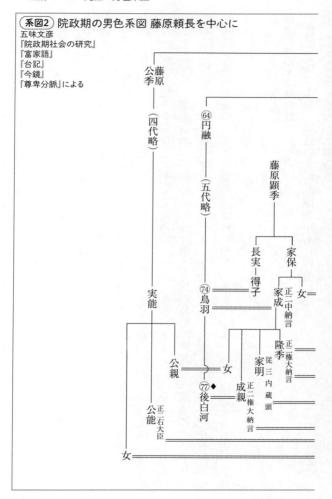

さに「総嘗め」状態だ（系図1）。

もっともそれによって、伊予介は受領の地位を確保され、小君も宮中への出仕の世話を源氏にしてもらえたのだ。源氏もまた受領からの貢ぎ物を期待できただろう。

院政期（平安末期）に実在する大貴族の頼長も、格下の家成一門に近づくことで政治的な利益を得ようとしたようで、五味氏によれば、

「鳥羽院の寵愛深く、有力な院近臣として大きな勢力を築いていた家成の一門をとりこもう」という意図があったのではないかという。つまりは政治目的で、家成側がそれを受けたのも見返りを期待してのことだろう。しかし頼長はそんなふうに自分から彼らに近づきながら、家成一門を「諸大夫」（四位・五位の総称）と蔑み、家成のいとこで、鳥羽院に寵愛された美福門院得子のことも「諸大夫女」と軽蔑していた。そうした一族と関係を結ぶ頼長の「男色行動の基底には憎しみさえもがあった、と言える」と、五味氏は指摘している（前掲書）。

政治を動かす「男の性」

系図2は、そんな頼長の男色関係を中心に作成した。

「究極の男系図」と言えるが、この時代の男色は今の同性愛と違い、男とも女とも関係するのが普通。頼長は正妻の兄弟である藤原公能とも関係を持ったと考えられている。

院政期の政界でこれほど男色が盛んになったのは、天皇の母方が力をもつ外戚政治から、天皇の父（院）方が力をもつ院政にスライドしても、性の力で政治を操る発想が生きていたからではないかと私は考えている。

貴族が娘の性を使って権勢を握っていたのが外戚政治の時代なら、貴族たちが自身や息子の性を使って権勢を広げていったのが院政期なのである。

第七講　「高貴な処女」伊勢斎宮の密通は、なぜ事件化したのか

二〇一五年、日本ではじめて春画展が開催され話題になった。二度ほど足を運んだが、ひときわ惹きつけられたのが、寝殿の簀子に座る女の女性器を、男がひざまずいて舐めている画だ。構図といい、男の行為を見おろす女の穏やかな視線とは裏腹に足の指を曲げ高欄を握りしめる左手といい、抑制の効いた表情と大胆な行為の配分が、ポルノ的な作品に絶妙な気品を漂わせている逸品だった。

『小柴垣草紙』と呼ばれる鎌倉時代（十三世紀）のこの絵巻は、九八六（寛和二）年、野宮で潔斎中の斎宮済子《なりこ》女王が、警護の武士平致光《むねみつ》と密通するという実際の事件をもとにしている。

斎宮とは、皇室が信奉する伊勢大神宮に奉仕する斎王の御所のことだが、賀茂の斎院と区別するため、とくに伊勢の斎王自身のことを斎宮とも呼んだ。基本的に天皇の代替

わりごとに独身の皇族女性の中から選ばれて、伊勢に派遣される。野宮はその前に斎宮が籠もって潔斎する仮設の宮殿。そこで事件は起きたのである。

平安末期に編纂された歴史書『本朝世紀』によれば、

「昨日より伊勢初斎宮を警護する。滝口の武士である平致光を差し遣わす。致光はひそかに斎宮の女王を突いたという」(〝従昨日伊勢初斎宮警御。被差遣瀧口平致光。密斎女王突けりと云々〟)(寛和二年六月十九日条)

〝突〟という表現が生々しいではないか。

鎌倉時代の説話集『十訓抄』によると、この事件があってから、野宮の公役《くやく》は廃止されたという(五ノ十)。

密通斎宮は紫式部の「はとこ」

斎宮の密通シーンを中心にした『小柴垣草紙』が描かれたのは事件から三百年近く経った鎌倉時代のことで、第八講でも触れるように、その時代には、前斎宮の愷子内親王が、異母兄の後深草院、西園寺実兼、二条師忠といった複数の男たちと、心ならずも関係するなど、貴婦人の性はかなり軽く扱われるようになっていた。それは、天皇の母方が力を持っていた平安中期と違い、平安後期に入って、天皇の父方＝院が力をもつ院政が行われるようになり、女の地位が下がったためであろう。女は男のコントロール下に置かれるようになって、男本位のセックス観が前面に出てくるようになり、斎宮のような「高貴な処女」の性が好奇の目で描かれるようになった……『小柴垣草紙』の成立にはそんな背景があるように思う。

斎宮のイメージの変遷や密通については田中貴子の『日本〈聖女〉論序説』に詳しいが、田中氏も指摘するように、「時代を問わず、種々の記録には斎宮の『密通』というスキャンダラスな事件が残されて」（同上）おり、欽明天皇の皇女の磐隈皇女が伊勢斎宮となるものの、異母兄弟の茨城皇子に犯され解任されたという『日本書紀』の記事を皮切りに、多くの記録が残っている。

済子女王の場合、相手が警護の武士というかなりの格下であったことがショッキングでもあり、そそる条件でもあったのであろう。

平安時代に編纂された歴史書『日本紀略』や『本朝世紀』、南北朝時代の系図集『尊卑分脈』などをもとに作った済子女王絡みの系図が**系図1**である。

作って気がついたのが、済子女王と紫式部は「はとこ」の関係にあるということ。

系図1 済子女王密通系図と紫式部
『日本紀略』『本朝世紀』
『尊卑分脈』等による

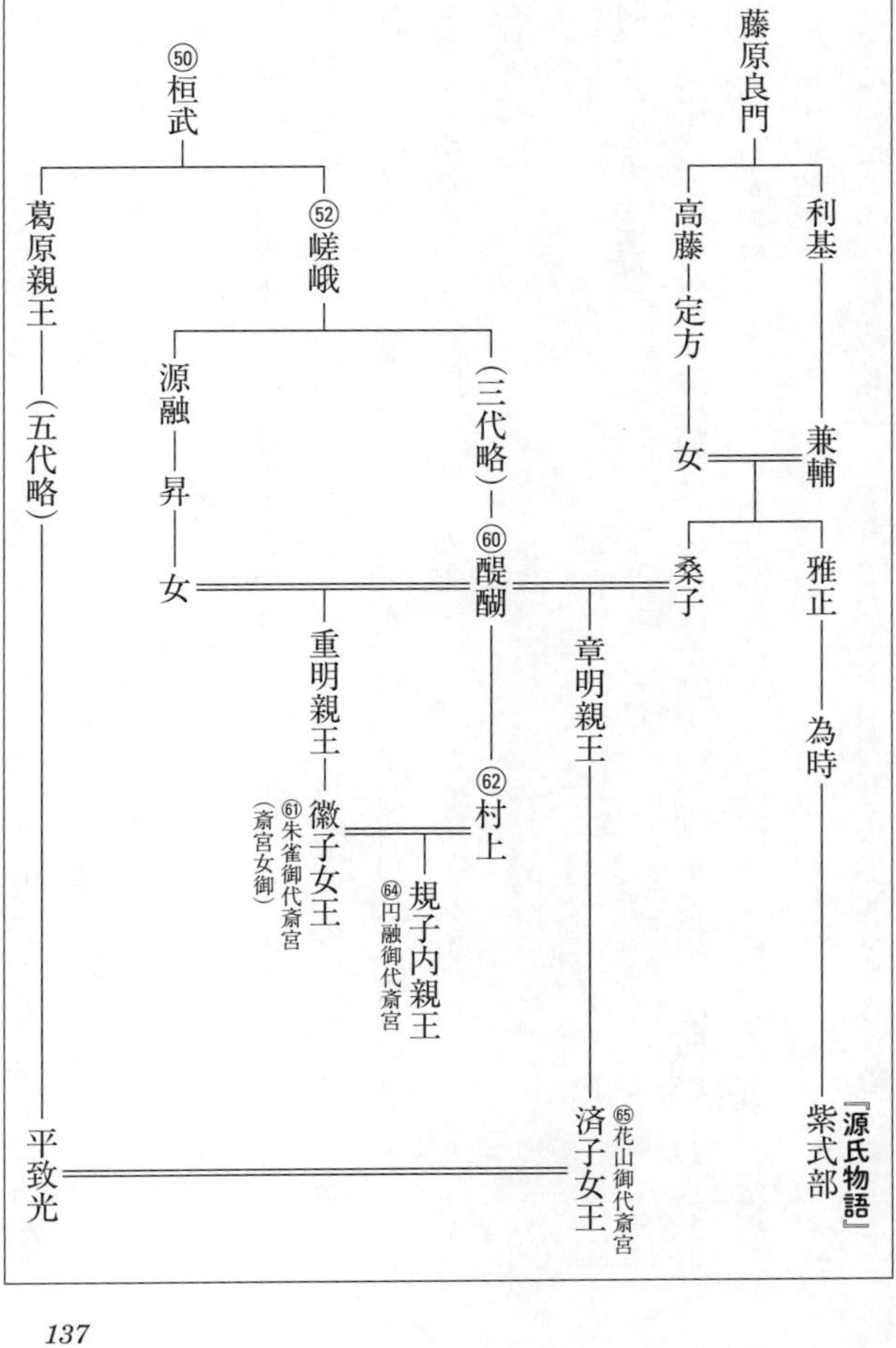

紫式部の父方曾祖父の藤原兼輔は、済子女王にとっても曾祖父の一人に当たるのだ。『源氏物語』には、源氏が野宮を訪れて六条御息所と関係を結ぶくだりがあるが、御息所は娘の斎宮の付き添いとはいえ、源氏は聖域内で一夜を過ごしている。いわば聖域を侵したわけで、紫式部の心の中には「斎宮との密通」のイメージがあったのではないか。

六条御息所が娘に付き添って伊勢に下るのは、九七七年、娘の規子内親王に伴い伊勢に下った徽子女王（自身、前斎宮でもあり、退下後は村上天皇の女御となり「斎宮女御」と呼ばれた）の例を下敷きにしている。が、野宮での御息所と源氏の逢瀬という着想のもととなったのは、一つには、九八六年の、はとこ＝済子女王のスキャンダルだったと私は思う。

『伊勢物語』が伝える「逢瀬」

源氏と六条御息所の野宮での逢瀬は、いわば斎宮とのタブーの恋の擬似形であると思うわけだが、斎宮とのロマンティックな逢瀬のイメージの源泉にあるのが、『伊勢物語』の伝える有名な説話である。

伊勢の国に〝狩の使〟（鷹狩りをして宮中の宴会用の野鳥を捕らせるため、諸国につ

かわした勅使）として〝男〟＝在原業平（八二五〜八八〇）が下された際、当時の斎宮だった人の親が、

「いつもの勅使よりは丁寧におもてなししなさい」

と言った。系図2を見れば分かるように、斎宮の母紀静子の兄有常の娘は業平の妻である。静子にとって業平は姪の夫に当たり、息子の惟喬親王（恬子《やすこ》内親王の兄）とも親しかったため、こうした発想になったのだろうか。

それで斎宮が心を込めてもてなしたところ、二日目の夜、男は強いて、

〝あはむ〟（逢おう）

と言う。女も拒む気持ちではなかったため、人が寝静まってから、〝子一つ〟（午後十一時〜十一時半ころ）あたりに男の寝所にやって来る。

こういう場合、男が女のもとを訪れるのが普通だが、神に仕える皇女のもとに男が来ては人目に立つため、女のほうが動いたのである。

そうして〝丑三つ〟（午前二時〜二時半）まで、つまり三時間ほどそこにいて、まだ何ごとも語らわぬうちに帰って行った。

男は寝つけず、翌朝、後朝《きぬぎぬ》の文を出したくても、人目があるのでひたすら待っていた

ところ、女のほうからただ一首、

〝君や来しわれやゆきけむおもほえず夢かうつつか寝てかさめてか〟

と、あった。

「あなたが来たのか私が行ったのか分からない。夢だったのか現実の出来事だったのか、寝ていたのか目を醒ましていたのかすら……」

これを見た男は〝いといたう泣きて〟返歌する。

〝かきくらす心の闇にまどひにき夢うつつとは今宵さだめよ〟

「悲しみで真っ暗になった闇に惑う気持ちだった。夢か現実かは、今宵、お確かめください」

『伊勢物語』というタイトルのもとになったと言われるこの六十九段の話には、突然落ちる恋のスピード感と、それにはまろうとする女のためらい、恋を燃え上がらせるには男の強い意志が不可欠という、恋の法則が詰まっている。

同時に、男は「手に入れにくい女」が好きというありきたりの事実を、極端な形で物語っている。

しかし結局、その夜は、伊勢国の国守が、勅使（業平）の来訪を知ってやって来て、

系図2　在原業平密通系図
『伊勢物語』による

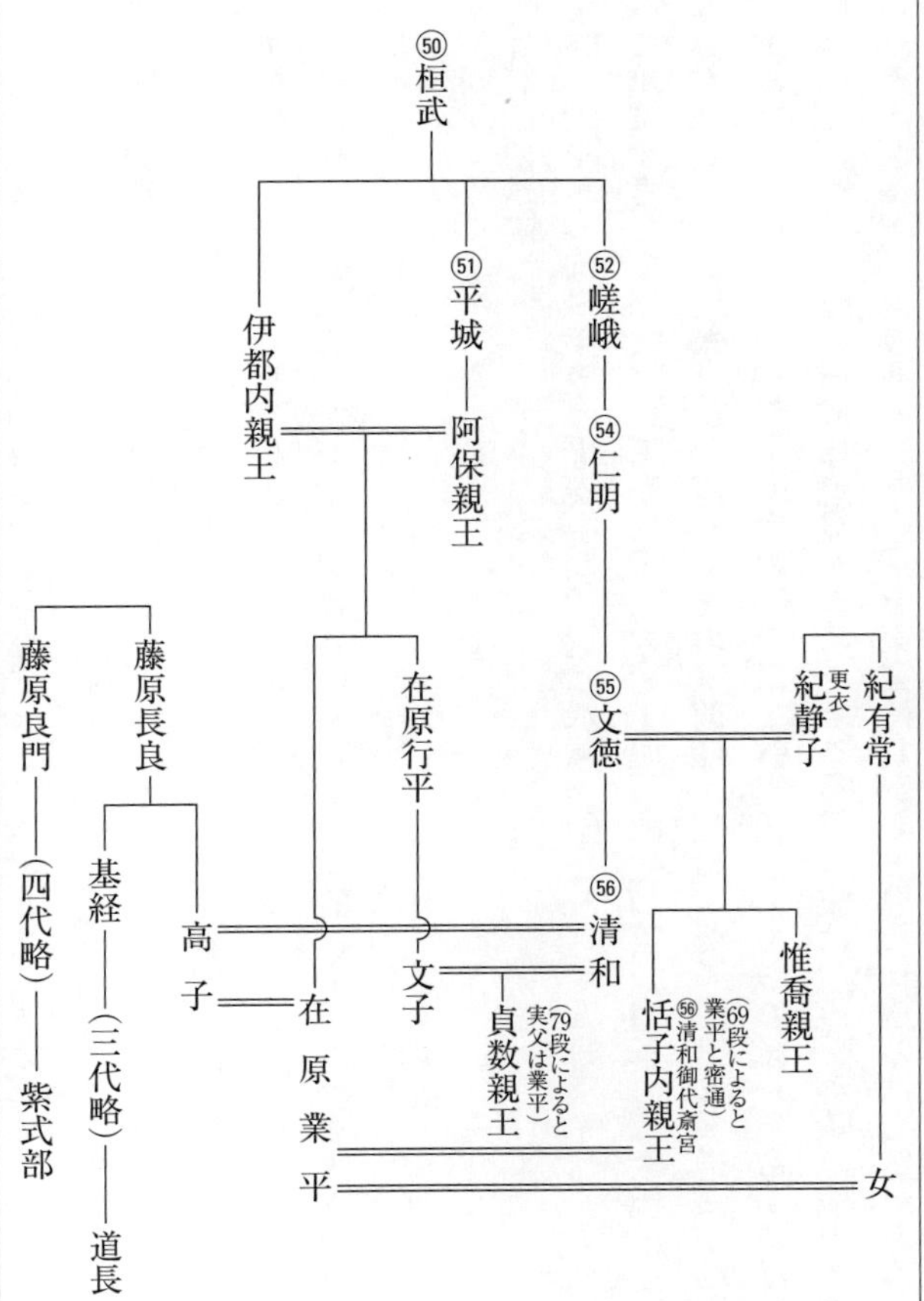

酒宴となってしまった上、業平は夜明けに尾張国に出立せねばならなかったため逢えなくなった。物語は、
〝また逢ふ坂の関はこえなむ〟（またお逢いしましょう）
という男のことばで締めくくられており、二人のその後は読者の想像に任されている。なんとも情熱的な話で、斎宮を犯すという重罪を、ロマンティックなイメージに塗り変えた戦犯級の説話と言えるのだが……実はこの話、女系図的にもきわめて大きな意味を持つのだ。

政治利用された「密通」

『伊勢物語』成立から約百年後の平安中期、寛弘八（一〇一一）年五月。

病を得て譲位を考えていた一条天皇は、亡き定子皇后所生の第一皇子の敦康親王を次期東宮にしたいと考えていた。が、定子やその父道隆も死に、彰子中宮の父道長が権勢を振るう世になっていたため、彰子所生の第二皇子敦成親王（のちの後一条帝）のほうが優位にあった。そこで藤原行成に意見を求めたところ、行成は、道長が時の権力者であること、その道長が外孫である第二皇子を東宮にしようと思われるのは当然であるこ

と、このような大事は、人の力の及ぶところではないといったことを述べた上で、こう進言する。

「亡き定子皇后の母方の高階氏の先祖には斎宮の事件があるから、その末裔は皆、伊勢大神宮と折り合いが悪い。皇子のために恐れることがないわけではない。よく伊勢大神宮に祈って謝るべきです」(〝故皇后宮外戚高氏之先、依斎宮事為其後胤之者、皆以不和也、今為皇子非無所怖、能可被祈謝太神宮也〟)(『権記』寛弘八年五月二十七日条)。

今現在は道長の世である上、伊勢大神宮を裏切る先祖を持つ定子所生の第一皇子は、東宮になるのは不利と言っているのだ。

系図3を見てほしい。

定子の母高階貴子の曾祖父は高階師尚《もろひさ》だ。

しかるに先の『伊勢物語』では、最後に一行、

〝斎宮は水の尾(清和天皇)の御時、文徳天皇の御女《むすめ》、惟喬の親王《みこ》の妹〟

とあり、業平と密通した斎宮は恬子《やすこ》内親王(~九一三)と分かる。

平安時代以後、この二人には子ができたということが信じられていたようで、鎌倉時代の説話集『古事談』(巻第二の二十六)によれば、高階師尚は、業平が勅使として伊勢

に参った際、斎宮（恬子内親王）と密通してできた子だが、事の露顕を恐れ、高階茂範の子にさせた、という。

斎宮が伊勢に下向した貞観三（八六一）年、高階峯緒（茂範の父。『古事談』によれば祖父）が伊勢権守に任ぜられており、新日本古典文学大系の注によれば、「その関係で、恬子の子を茂範の養子とした」のではないかという。南北朝時代に編纂された系図集『尊卑分脈』でも師尚は茂範の子になっているものの、注に、

「実は在原業平の子である。斎宮恬子内親王と密通して出生。これによって、この氏族の子孫は伊勢神宮に参宮しない」（〝実在原業平子也密通斎宮怡〔恬〕子内親王出生依之此氏族子孫不参宮者也〟）

とある。

しかしそもそも恬子内親王は八六一年から清和天皇が譲位する八七六年まで斎宮をつとめている。もしも密通があれば、すぐに解任されたろう。

しかも〝狩の使〟は業平の時代には派遣された記録はないという（山中智恵子『斎宮志』）。それでも業平が内親王と密通したということはあったかもしれないし、業平の子が高階氏の養子になったということもあったかもしれないが、山中氏の言うように、母

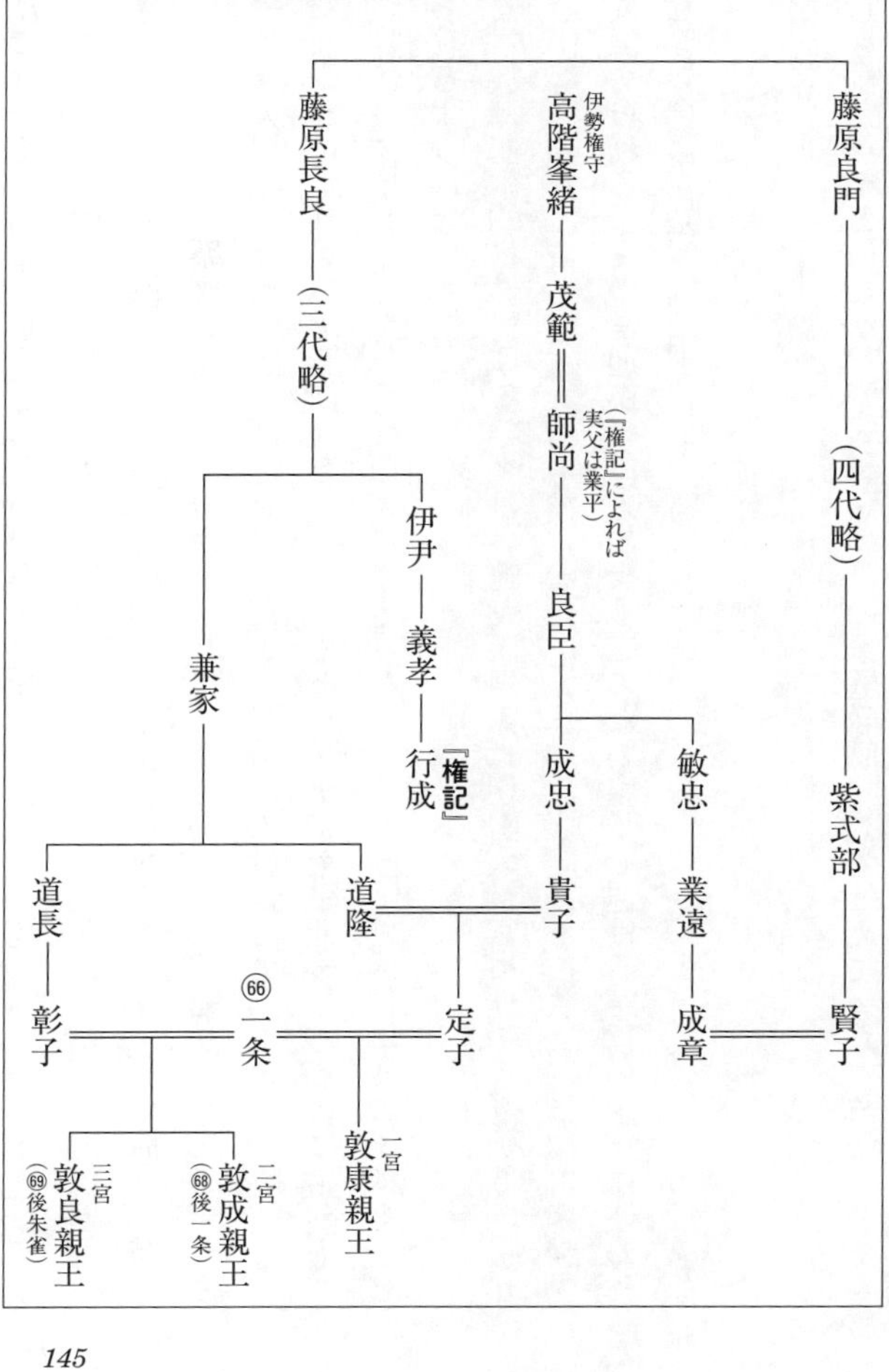

系図3 定子の母方系図
『権記』『古事談』『尊卑分脈』等による

は斎宮ではなく「別の女かもしれない」(『斎宮志』)。

『伊勢物語』の六段などでは清和天皇の女御の藤原高子は入内前から業平と関係があったとされるし、七十九段によれば、清和天皇の皇子貞数親王も実は業平の胤と〝時の人〟は言っていた。系図2を見れば分かるように、親王の母は業平の兄行平の娘。つまり業平は、天皇妃となった姪と密通していたと、当時の人は信じていたのだ。

そんなふうに生前から落胤伝説をもつ業平であったが、業平死後(あるいは生前も)、『伊勢物語』に描かれた斎宮との密通は「史実」とされ、高階師尚は二人の子であると信じられるようになった。

平安貴族は基本的に性にゆるいとはいえ、天皇家は伊勢大神宮に仕えるという前提がある。伊勢大神宮に背いた斎宮の子孫が東宮になるのはまずいというわけで、『伊勢物語』に伝えられる斎宮の密通が、母方の後ろ盾のない皇子を退ける「言い訳」に使われた。「女系図」が政治に利用されたのだ。

父と娘の対立

折しも寛弘八年といえば、紫式部が彰子の家庭教師として仕えていたころで、リアルタイムでそのいきさつを知っていたはずだ。

そして彰子は、立太子を巡って、父道長と対立関係にあった。

『栄花物語』によれば、彼女は、第二皇子である我が子敦成親王は「まだ幼いから、ご本人が持って生まれたご運に任せておけばよい」と、まずは定子所生の敦康親王の立太子を望んでいた。が、「私の存命中に外孫が東宮に立つのを見たい」という父道長に押し切られてしまう（巻第九）。

六年後の寛仁元（一〇一七）年五月、三条院が崩御、八月、その皇子の敦明親王が、道長の圧力で東宮を退位すると、彰子は再び定子所生の敦康親王の立太子を推した。が、この時も道長のごり押しで彰子所生の第三皇子敦良親王（のちの後朱雀帝）が東宮になった。敦康親王を養育していた彰子は、亡き夫一条院が〝御心の中《うち》に思しけん本意《ほい》〟（内心、抱いていたであろう本当の願い）を思いやり、また敦康親王の優れた器量からしても、彼を皇太子にと考えていたのだ（『栄花物語』巻第十三）。

道長の〝妾〟（『尊卑分脈』）でもあった紫式部は、父娘双方の思いを受けとめながらも、女主人の彰子を支持したのではないか。

『源氏物語』で、外戚を失いながらも、准太上天皇の地位にのぼる源氏のモデルの一人は、この敦康親王と言われる。源氏が五歳年上の父帝の愛妃藤壺中宮に憧れ、密通に発展したという設定の陰には、敦康親王の母代わりを誠実につとめた十一歳年上の彰子中宮（彼女の後宮での局はしかも藤壺だ）の面影があったかもしれない（ちなみに紫式部の娘賢子の夫高階成章も師尚の子孫である。ということは在原業平の子孫であるわけだ）。

「不義の子の末裔」の密通

平安中期、貴族社会に衝撃を与えたスキャンダルの一つに、一〇一七年四月、藤原道雅と前斎宮の当子内親王の密通事件がある。

と言っても、当子内親王は斎宮を退いていたので密通には当たらぬはずで、事件を伝える『栄花物語』や『十訓抄』は二人に同情的だ。が、親の許可のない結婚という、中国の本来の意味からすると密通であり、この事件の場合、まさに内親王の父三条院が激怒していた。道長の日記『御堂関白記』によれば、院は「前斎宮が道雅中将によって〝被婚〟（犯された）」と言って、内親王の世話係を呼び出して詰問（寛仁元年四月十一日条）、『栄花物語』によれば、道雅を手引きした内親王の乳母を永久追放し、この一件によるストレスで以前からの病は悪化（巻第十二）、翌月崩御した。

系図4　道雅と前斎宮当子内親王系図
『御堂関白記』『栄花物語』『尊卑分脈』等による

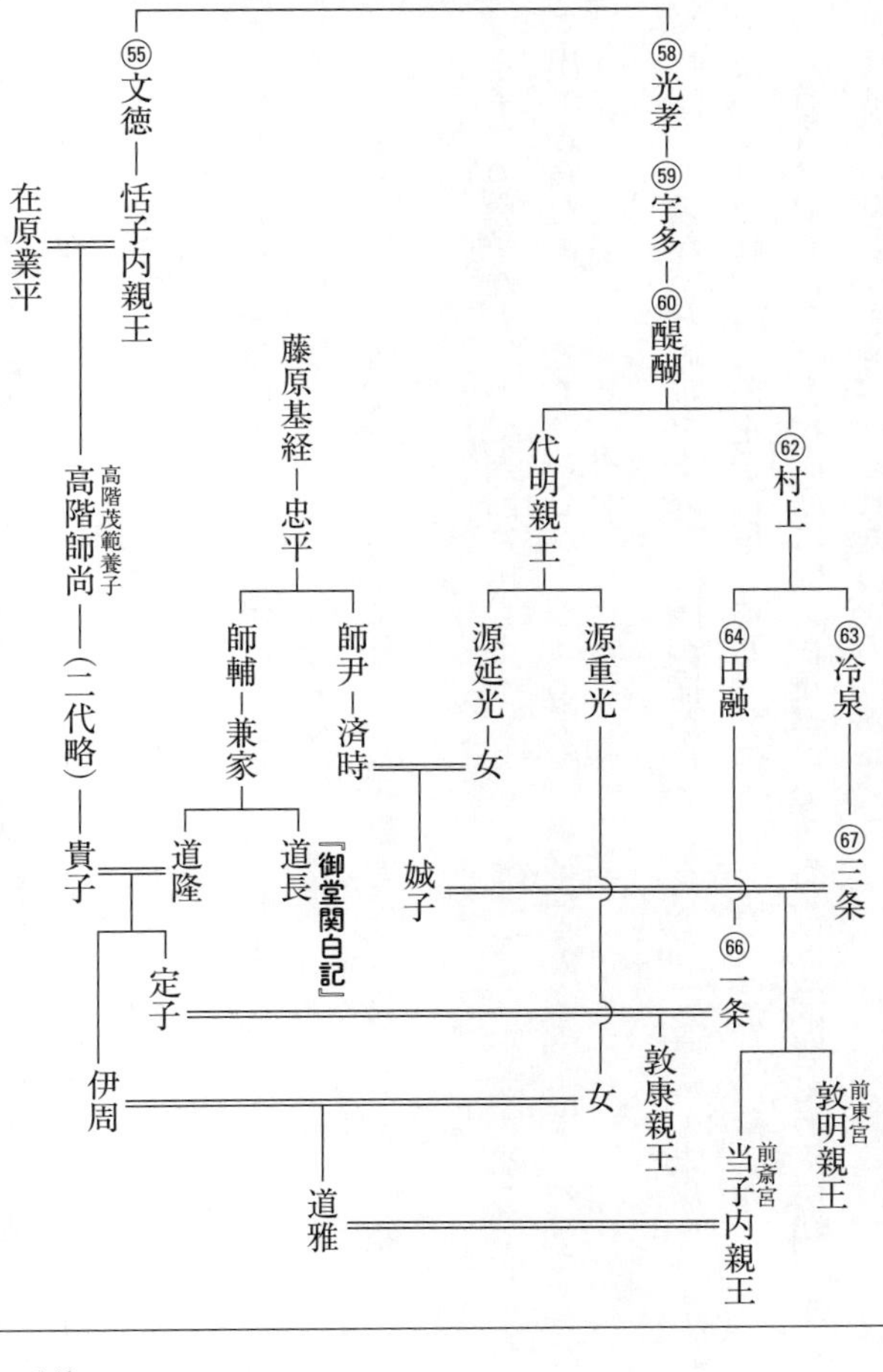

世間の噂に心を痛めた内親王は、父院の崩御後、十一月に出家。『十訓抄』によれば、そんな中、道雅が内親王に送った歌の一つが、

〝今はただ思ひ絶えなむとばかりを人づてならでいふよしもがな〟（五ノ十二）

という百人一首で名高い一首であった。

系図4を見てほしい。道雅は、定子の兄伊周の子だ。敦康親王とはいとこ同士。伝説を信じれば、親王と同じく業平と斎宮の子孫である。

祖父道隆の生前は将来を嘱望され、定子に仕えた清少納言の『枕草子』には、祖父の道隆が、

「中宮（定子）の皇子だと言って人前に出しても劣りはしますまい」（〝宮の御みこたちとて引き出でたらむに、わるく侍らじかし〟）（「淑景舎、春宮にまゐりたまふほどの事など」段）

と、当時四、五歳だった道雅を溺愛した様が描かれている。そんな道雅の未来は、祖父の死によって絶たれ、叔母の定子は早死にし、父伊周は失脚、一族は没落した。

その時、道雅は、やはり高貴な血筋に生まれながら、政治的には不遇だった伝説の先祖業平のように、斎宮に引き寄せられたのだろうか。

第八講　貴族はなぜ近親姦だらけなのか

『奇子《あやこ》』という手塚治虫の漫画がある。

舞台は四百年続いた地方の旧家。戦後の農地改革で、土地の大半が小作人の手に渡った大地主の天外《てんげ》家では、主人の天外作右衛門がなおも絶対的な家父長権を持ち、長男に遺産相続をちらつかせながら、その嫁を犯していた。そうして生まれた娘が奇子であったが、折しも殺人事件が発生、復員した次男仁朗が血の付いたシャツを洗うのを、四歳だった奇子と、小作人の頭の弱い娘お涼が目撃していた。口封じにお涼は殺され、奇子は死んだことにされて、以後二十三年間、土蔵に閉じ込められる。近隣の名士は皆、天外一族だったため、家名の汚れるのを恐れた親戚一同による会議で決まったのである。

唯一の反対者は小学生だった三男の伺朗だったが、のちに土蔵の中で美しく成長した奇子に迫られ、異母妹である奇子と男女の仲に。兄市朗にそのことをさとられ、責められた伺朗は、田地ほしさに妻を父に抱かせた兄をなじった上、言い放つ。

「おれはなあ　にいさん　天外の　家の過去を　調べたんだ」

「調べたら　どうだ　うちの家系は　……まるで　汚物溜《おぶつだめ》だ！」

「兄妹　姉弟　夫婦　いとこ　血縁関係が…………」

「およそ　犬か猫　みてえに　まざり　合って……」

「それが子を作り　その子どうしが　……またまざり　合って！」

遺産ほしさに父に嫁を差し出す長男、娘の奇子を助けようと舅に抱かれる長男の嫁、異母妹との性に溺れる三男、同じく異母妹に異性愛を感じる次男……手塚治虫の迫力あふれる画を見ると、異様なエロチシズムに圧倒されるが、しかし伺朗のことばには、「汚物溜」という強烈なことばとは裏腹に、妙な既視感を覚えた。

　これはまさに平安後期の日本の上流階級の世界だ。いや、平安後期の上流階級のほうがよほど乱脈を極めているのだ。

犯した養女を孫の妻に

系図1が、『奇子』の系図である。

系図1　手塚治虫『奇子』系図

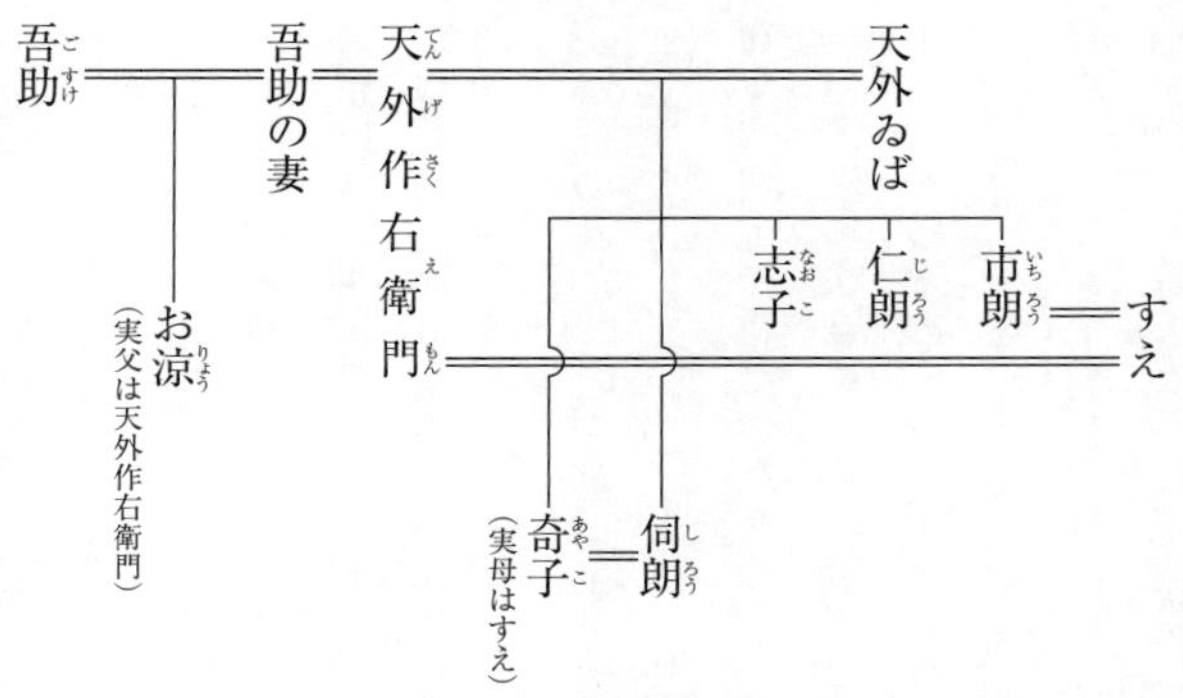

系図2　待賢門院璋子を巡る系図

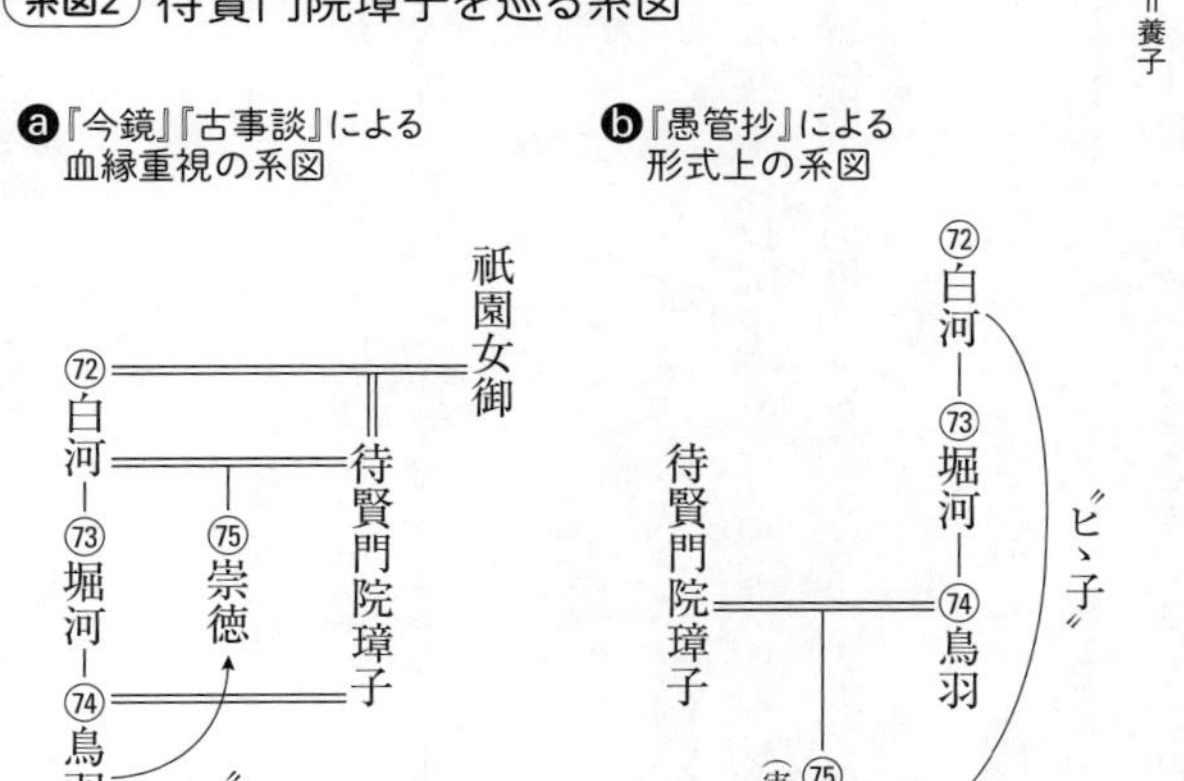

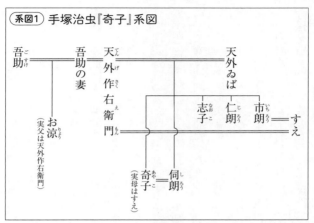

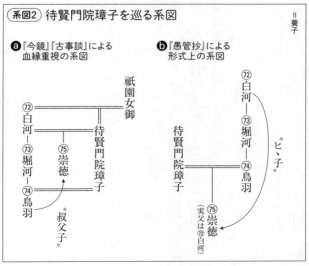

そして系図2が、平安後期の待賢門院璋子を巡る系図である。

　aが平安末期の歴史物語『今鏡』と鎌倉初期の説話集『古事談』を元に作った系図で、bが鎌倉初期の史論書『愚管抄』を元に作った系図だ。

『奇子』では、舅が息子の嫁を犯すという、言ってみればありがちな性関係に加え、異母妹との性関係が展開する。一方、璋子の場合、養父白河院との性関係がまずあって、しかも院は養女であり愛人でもある璋子を、孫に妻としてあてがうという複雑な性関係がある。

　白河院が孫の鳥羽院の中宮璋子とできていたことは有名な話で、『古事談』（巻第二の五十四）によれば、そのことは誰もが知っていた。そして璋子の第一子崇徳院は鳥羽院の子でなく白河院の胤だったため、鳥羽院は彼を〝叔父子《をぢご》〟と呼んでいた。系図2aを見れば一目瞭然のように、鳥羽院にとって崇徳院は血筋的には「叔父」なのに、形の上では「子」であるため、叔父子というわけだ。

　一方、『愚管抄』（巻第四）は、「鳥羽院は、崇徳院が五歳になられる年に譲位なさった。白河院が〝ヒヽ子〟を皇位につけてお世話なさった」としている。〝ヒヽ子〟とは曾孫を指す。白河院にとって崇徳院は、形式上は「曾孫」であるからそう書かれている。

系図２ｂはいわば正統な男系図であるわけだが、『愚管抄』の語り口には崇徳院に対する白河院の、特別な思いがにじんでおり、『奇子』の天外作右衛門が、形の上では孫（実は娘）の奇子を溺愛していたことを彷彿させる。

『今鏡』（藤波の上 第四）によれば、璋子は白河院の愛人の白河殿、別名祇園女御の養女となっていた。祇園女御は女御の宣旨などは受けていなかったが、時の人にそう呼ばれていた。自動的に璋子は院の〝御娘〟となって、幼いころは院の〝御懐〟に足を入れて寝ていた。

院は孫の妻を犯したという以前に、養女を犯していたわけで、順番からいうと犯した養女を孫の妻にしたのである。そうした「奇怪」とも言える関係が、とくに系図２ａには「形」として表れている。

鳥羽院の死後、崇徳院と弟の後白河天皇が敵味方に分かれて保元の乱が起きたのも、こうした複雑な血縁関係が原因となっているのだ。

息子の妻を奪う

こうした複雑な性関係が多々見られるのが平安後期から鎌倉期。ということで、系図

3を見てほしい。

室町初期（南北朝時代）の歴史物語『増鏡』を元に作った、後醍醐天皇の母談天門院（藤原忠子）を中心にした系図である。

これまた異様な図というか、忠子から延びる二重線が、後宇多院と父亀山院につながっていることがお分かりいただけよう。

談天門院は、後宇多院の寵愛を受け、第二皇子尊治親王（後醍醐天皇）をはじめとする四人の皇子女を生んだ。『増鏡』（第十一）によれば、さらにその後、院の父亀山法皇が〝召しとりて〟、大変な寵幸を受け、〝准后〟の称号を賜った。後醍醐天皇の母は、「この記事によって亀山院に寵幸されたことが知られる」（井上宗雄全訳注『増鏡』中）

亀山院は息子の妻を奪ったわけで、つまり後醍醐天皇は、亀山・後宇多という親子二代とセックスした女の腹から生まれたのである。そのことが、『増鏡』によって知ることができるというわけだ（系図3からも分かるように、談天門院は平清盛の子孫である）。

こういう記事を見つけると、『増鏡』読んでて良かった！　と心底思う。

しかも系図3をよく見ていただくと、談天門院の右隣に記した民部卿三位は、後醍醐

系図3　談天門院系図『増鏡』による

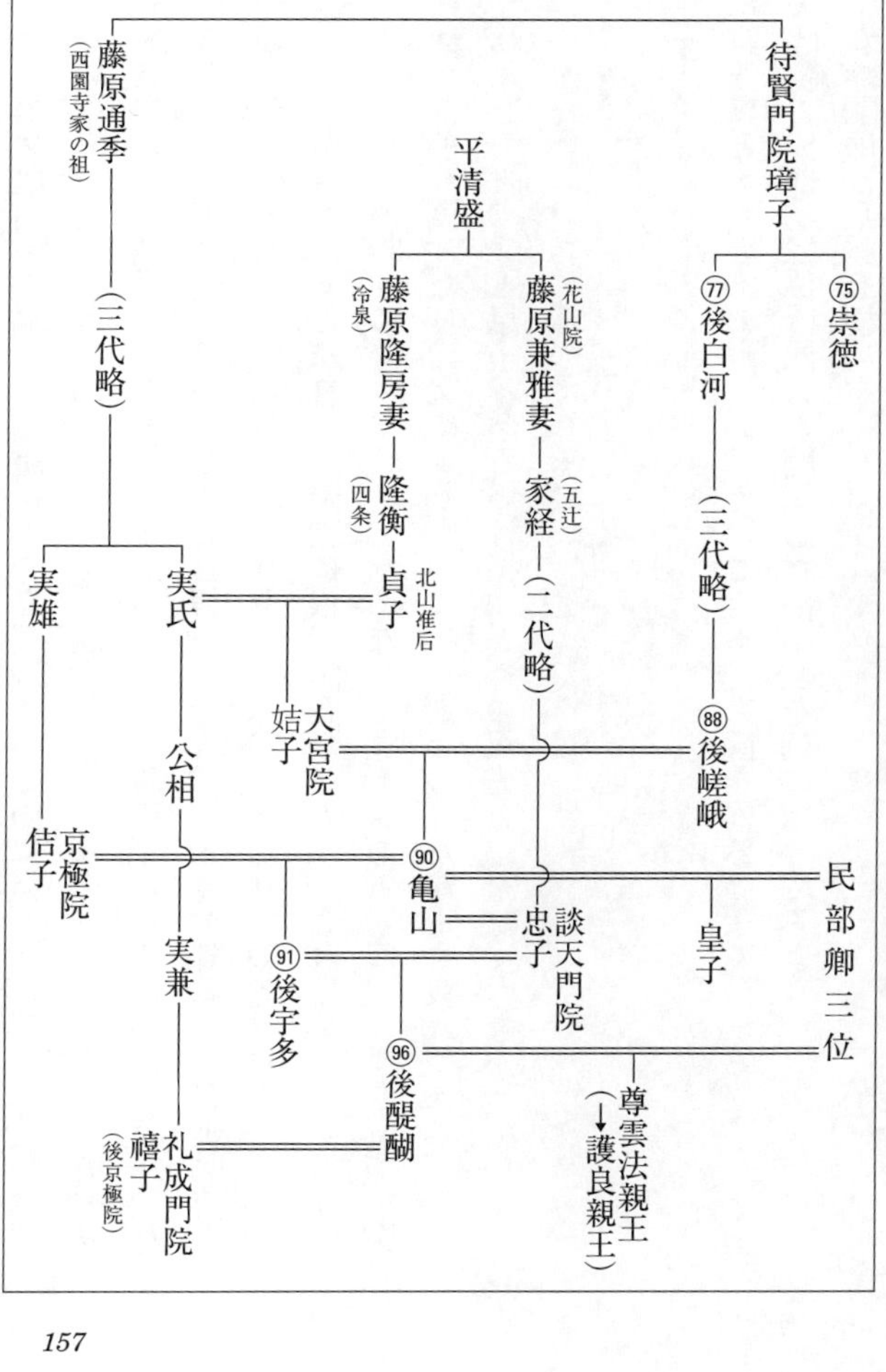

天皇とその祖父亀山院の双方と二重線でつながっているのに気づくだろう。

『増鏡』（第十五）によると、彼女は昔、亀山院に仕え、皇子なども生んでいた。それが後醍醐天皇の中宮禧子に仕える女房となって、後醍醐天皇に見そめられ、皇子を生む。その一人尊雲法親王はのちに還俗して護良親王となり、父天皇の鎌倉打倒活動に参加するものの、父と不和になって鎌倉に流されたあげく、幽閉されて殺害された。

子供のころ遊びに行った鎌倉の二階堂には、護良親王が幽閉されていたという土牢があり、そのあまりの暗さに怖くて泣きそうになった覚えがある。親族により土蔵に閉じこめられた奇子も哀れなら、父により土牢に閉じこめられた親王も哀れである。

いずれにしても、父と息子、あるいは祖父と孫の双方と二重線でつながっている図は、曰く言いがたいエロスに満ちている。

異母妹と子をなす

実に家族ほどエロいものはない。そのことが、系図を作るとよく分かる。談天門院と民部卿三位の双方と関係した亀山院を例に取ってみよう。

院の女性関係は乱脈を極め、

〃御心のあくがるるままに、御覧じ過ぐす人なく、みだりがはしきまでたはれさせ給ふ程に、腹々の宮たち数知らず〃(『増鏡』第十）という有様だった。

気持ちの赴くまま女とやりまくり、乱れ過ぎているほど色恋にふけるうち、腹違いの宮たちが数知れずできてしまったというのだ。

亀山院の餌食になった女の中には異母妹の憚子内親王もいた。美貌ゆえ、院の目にとまらぬよう〃隠れ〃ていたのを、内親王には継母に当たる、院の母（大宮院）の見舞いに訪れた時に見つかって犯され、姫宮も生まれた。

『奇子』の伺朗と奇子のようなことが行われた上、子まで生まれていたのである。『増鏡』によれば〃限りなく人目をつつむ事〃であるため、生まれた姫宮は誰の〃腹〃であるかも曖昧にして、院の乳母の実家に預けられた。

もっとも、時代をさかのぼれば、異母きょうだいとの結婚はタブーではなく、仁徳、敏達、用明など、異母姉妹を皇后にした天皇は少なくない。いとこどうしの結婚となると一般的で、『源氏物語』の源氏もいとこの葵の上と結婚している。

しかし亀山院の性関係は、今よりはずっとゆるい当時の性の常識に照らしても逸脱していたようで、その乱脈ぶりは、『とはずがたり』でも浮き彫りになっている。

『とはずがたり』の作者は、やはり平清盛の子孫に当たる二条と呼ばれる女房で、亀山院の兄後深草院に十四歳の時に犯されて以来（といっても父や家族は承知しており、本人だけが運命を知らされていなかったという書きぶりだ）、院の愛人として過ごし、しまいには出家して諸国を旅する。

この『とはずがたり』が実に赤裸々な性愛の告白記でもあるのだ。

しかもそのセックスは狭い血筋内で行われている。

出家後の女色

系図4を見てほしい。

二条からタコ足配線状に二重線がいくつも出ている。その二重線は後深草・亀山院兄弟につながり、さらに彼らの異母兄弟である〝有明の月〟なる〝阿闍梨〟つまりお坊さんともつながっている。この時代、出家は性から離れることではない。二条の父は娘にこんな遺言をしている。

〝髪をつけて好色の家に名を残しなどせむことは、かへすがへす憂かるべし。ただ世を捨てて後は、いかなるわざも苦しからぬことなり〟（『とはずがたり』巻一）

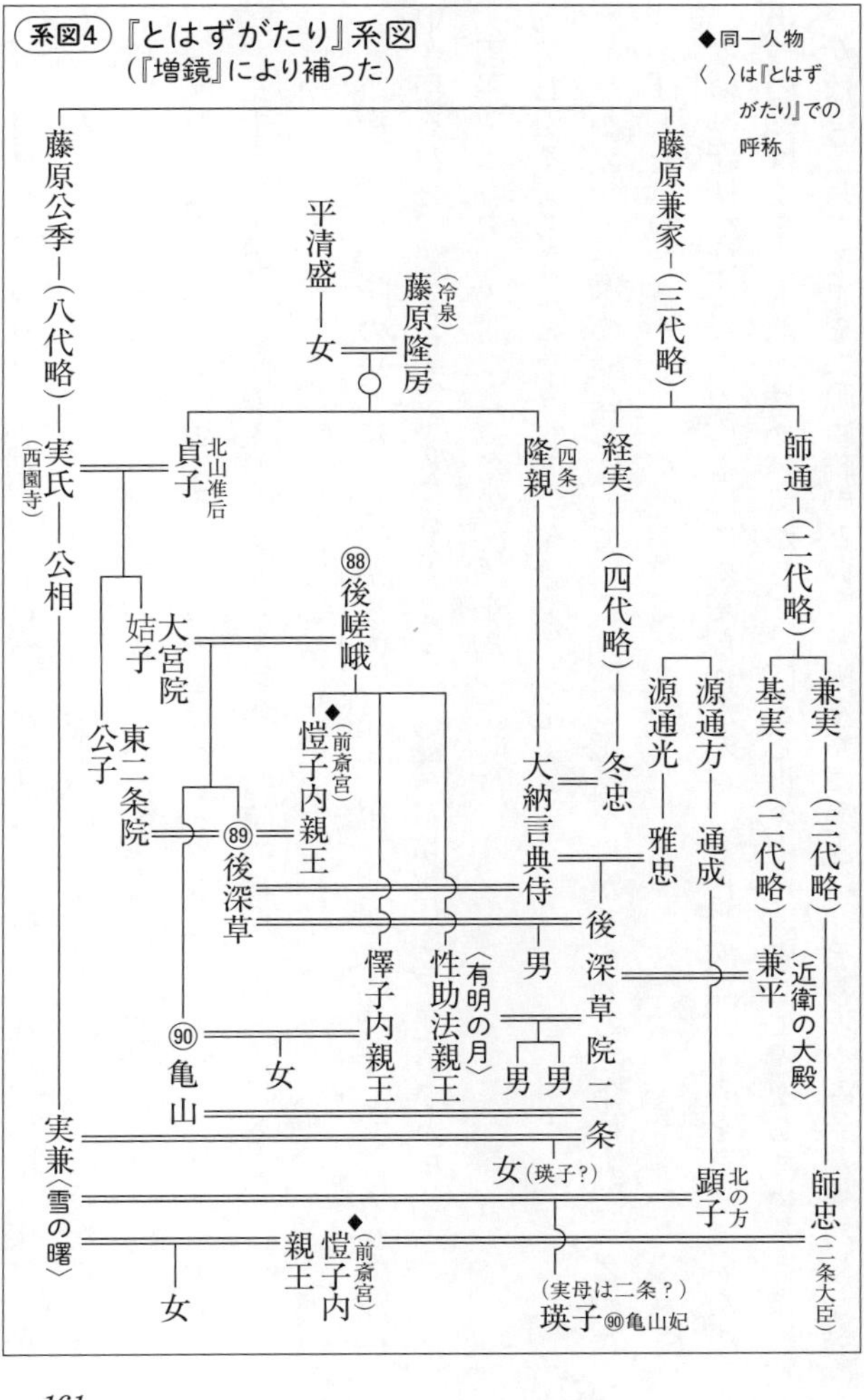
系図4 『とはずがたり』系図
(『増鏡』により補った)
◆同一人物
〈　〉は『とはずがたり』での呼称
藤原公季
(八代略)
実氏
(西園寺)
公相
実兼〈雪の曙〉
女
平清盛
女
藤原隆房
(冷泉)
貞子
北山准后
隆親
(四条)
大宮院
姞子
東二条院
公子
88 後嵯峨
◆ 愷子内親王
(前斎宮)
89 後深草
懌子内親王
性助法親王
〈有明の月〉
90 亀山
女
大納言典侍
男
男
男
後深草院二条
女(瑛子?)
藤原兼家
(三代略)
経実
(四代略)
冬忠
師通
(二代略)
源通光
雅忠
源通方
通成
顕子
北の方
基実
(二代略)
兼平
〈近衛の大殿〉
兼実
(三代略)
師忠
(二条大臣)
◆ 愷子内親王
(前斎宮)
(実母は二条?)
瑛子 90 亀山妃

髪を付けたまま色好みの評判を家名に残したりすることは情けないが、出家後はいかなる行為も差し支えない、というのだ。亀山院も、出家後、〝ありしよりなほたはれさせ給〟といい、以前よりさらに女色にふけっていた（『増鏡』第十一）。

後深草院は二条がほかの男に犯されるのを見るのが好きだったのか、二条が二十歳の時、三十も年上の〝近衛《このゑ》の大殿《おほいどの》〟が、二条目当てで院の寝所に押しかけると、

〝はや立て。苦しかるまじ〟（早く行け。差し支えあるまい）

と小声で言い、院の足元にいた二条を大殿に差し出してしまう。そして二条が大殿に犯される様を、〝寝入りたまひたるやうにて〟（寝たふりをして）聞いていた。

異母弟の〝有明の月〟と二条の関係を知った時も、

〝苦しかるまじきことなり〟（差し支えないことだ）

と、かえって逢瀬の機会を作っている。院の思惑をはかりかねる二条に、院が言ったことばも衝撃的だ。

「私の〝新枕《にひまくら》〟はそなたの亡き母に教えられたのだ。それで人知れず心を寄せていたが、当時の私はまだ一人前ではない気がして、何かと世の中に遠慮して過ごしているうちに、彼女は（藤原）冬忠や（源）雅忠といった男たちに愛され、その隙をみっともなくうか

がっていた。お前が彼女のお腹にいたころから待ち遠しく、今か今かと、人の手に抱かれているうちからいつも世話していたんだよ」

そのくらい昔から二条を思っていたというわけで、それを聞いた二条は感無量になるのだが。

要するに、二条は母娘して院と関係していたのだ。

姪を欲しさに

二条が、院の同母弟の亀山院に犯されるいきさつも尋常ではない。

院と亀山院が母の見舞いに訪れた際、

「御足をさすれ」

ということで、両院の寝所に二条が呼ばれる。貴人の足をさするというのは、セックスの相手をするということだ。二条が困惑しつつも参上すると、案の定、亀山院が、

「この人を私たちのそばに寝かせてください」

と兄後深草にしきりに頼み、後深草が、

「二条は妊娠中だから」

と渋ると、

「私は、女房はどれでもお気に召した者を、と申し置きましたのに」

とせがむ。

『とはずがたり』によればちょうどそのころ、後深草院は弟の亀山院の姫宮を所望していた折でもあり、結局、二条を差し出して酔って寝てしまう。その隙に、亀山院は二条を屏風のかげで犯した。弟の娘欲しさに、妊娠中の女房を差し出す後深草だが、この時、二条が妊娠していたのは彼らの異母兄弟の〝有明の月〟なる高僧の子だったのだから、「乱脈」ということばでは言い尽くせぬものがある。

そういえば亀山院が異母妹の愷子内親王を見つけたのも母を見舞った時で、母の見舞いと称して何をしに行っているのかという感じである。

しかも後深草院は、自ら二条を弟にゆるしておきながら、二条と亀山院の仲が噂になると、怒って二条を遠ざけてしまうのだから理不尽だ。

ちなみに、出家後の亀山院のもとには、西園寺（藤原）実兼の娘の瑛子（昭訓門院）が入内しているが、瑛子は、『とはずがたり』に〝雪の曙〟として出てくる恋人の実兼と二条のあいだにできた娘という説がある（新日本古典文学大系、新編日本古典文学全集

『とはずがたり』校注など）。

この女児の出産場面は『とはずがたり』にも詳しく描かれていて、実兼は二条の腰を抱くなどしてお産の手伝いをしたあと、白い小袖に包んで女児を連れ帰っている。この女児が瑛子であるとすれば、亀山院は、二条とその娘の両方とセックスしたことになる。

異母きょうだいとのセックス自体は、平安後期にあってもさして厳密なタブーではなかったのか、後深草院も、異母妹の前斎宮（愷子内親王）と関係していた。『とはずがたり』によれば、愛人の二条を手引き役にして、セックス後は、

〝桜は匂ひはうつくしけれども、枝もろく、折りやすき花にてある〟

と、こぼしている。

桜は色艶は美しいけれど、枝がもろくて折りやすい、手応えがない、というのだ。

そしてその後はふっつり訪れないのだから、異母妹への態度としても恋人への態度としても不誠実極まりない。

『増鏡』（第九）によれば、前斎宮は、〝後嵯峨の院の更衣腹の宮〟であった。と、いちいち誰の腹から生まれたかを明記するのがこの時代の特徴で、上から中宮（皇后）↓女

御→更衣という序列のある妃の中で、最下位の身分の女から生まれた皇女であったわけだ。亀山院が孕ませた愷子内親王も更衣腹である。共に中宮腹の兄たちが彼女らを犯したのは更衣腹の気安さもあったと私は思う。

さて、そして、後深草にやり捨てられた前斎宮を訪れたのが実兼……二条の恋人であるから、ややこしい。

実兼は前斎宮のもとに誠実に通い続けたので、前斎宮の母代わりの人も黙認するようになったころ、お忍びでそのあたりにいた大臣の二条（藤原）師忠が、華やかな様子で来る実兼一行に遭遇し、この前斎宮の敷地内でやり過ごそうとした。それを宮の家の者が実兼と勘違いして迎え入れ、そのまま宮の部屋に導かれた師忠は彼女と関係を持ってしまう。

やがて前斎宮は妊娠。

彼女の相手が自分ひとりではないと知った実兼は不快に思うものの、やはり思い当たるふしがあったのか、お産の時も心を込めて世話をして、財産分与もしたという。

実兼の誠実さが救いとはいえ、貴婦人たちの性がここまで軽く扱われるのは、天皇の母方が力をもっていた平安中期と違い、平安後期に入って、天皇の父方＝院が力をもつ院政が行われるようになったためだろう。要するに女の価値が下がって、地位も低下したのだ。

〝腹〟が卑しいから

ついでに言うと実兼の正妻は、二条の父のいとこの娘に当たる。実兼の正妻と二条ははとこどうしなわけで、近い血筋で、地位や立場が違ってしまう。ことによると、仕える側と仕えさせる側になるという、平安中期と同様の社会の仕組みが表れている。

手塚治虫の『奇子』で、皆にバカにされていた頭の弱いお涼も、奇子同様、実父は天外作右衛門であった。にもかかわらず、作右衛門に溺愛されていた奇子と違って、家族の一員として認められず、天外家に仕える立場であった。

お涼がここまで粗末にされるのは、頭が弱いからという以上に、〝腹〟が卑しいからだろう。

れっきとした長男の嫁が生んだ奇子と違って、お涼は小作人（吾助）の妻が生んだ子だ。

近親者のあいだで女が共有される様といい、〝腹〟で扱いの変わる様といい、平安後期から鎌倉時代の性の実態が残っているかのような『奇子』の設定には驚かされる。終戦直後あたりには、昔の風習が脈々と受け継がれているこうした旧家が残っていたのかもしれない。

そんな世界では、家族の中にありとあらゆるエロの基本が隠されている。

それが、系図の二重線に込められているのだ。

第九講　頼朝はなぜ、義経を殺さねばならなかったのか

妻を息子に譲る

鎌倉初期の史論書『愚管抄』には、〝母太郎・父太郎〟ということばが出てくる（巻第五）。

源義経（一一五九〜一一八九）は平家打倒後、兄頼朝（一一四七〜一一九九）と対立、奥州を支配する藤原秀衡のもとにかくまわれた。秀衡死後、跡を継いだ泰衡は、「義経を差し出せ」と頼朝にさんざん圧力をかけられたため、義経を攻めて自害に追い込んだ（『吾妻鏡』文治五年四月三十日条）。さらに義経に協力的だった弟忠衡をも殺した（同六月二十六日条）。泰衡としてはこれで一安心と考えたのだが、頼朝は最初から奥州が目当てだったため、戦の天才の義経亡き後、『愚管抄』のことばによれば、〝ヤス〳〵ト〟泰衡を討伐してしまった。

〝母太郎・父太郎〟はその記事の直後に出てくる。
秀衡には〝母太郎・父太郎〟という二人の子がいた。〝母太郎〟の泰衡は家督を相続し、〝父太郎〟の国衡は別の所を得ていたが、この〝父太郎〟は武者としても立派であった、と。

〝母太郎〟とは母にとっての一男（長男）、〝父太郎〟とは父にとっての一男の意だ。泰衡は父秀衡にとっては次男だったが、正妻である母にとっては長男だったため、跡を継いだのである。〝父太郎〟より〝母太郎〟が上なわけで、だから『愚管抄』では〝母太郎〟が先に記されるのだ。

平安貴族の世界では母の〝腹〟が物を言う、〝腹〟で子供の地位も決まると繰り返してきた。それは、貴族より父権の強い武士の世界でも似たようなものだった。が、そこは力が物を言う武士である。ことに頼朝のような強敵に狙われるという危機的状況にあって、北方の王者たる秀衡は、母の身分だけで子の行く末を決めるようなことはしなかった。

『愚管抄』の著者慈円（一一五五〜一二二五）の兄で、秀衡の死亡当時、都の最高権力者の地位にあった九条兼実（一一四九〜一二〇七）によると、秀衡は死に際、〝兄弟和融〟（兄弟関係がやわらぐこと）のため、〝他腹嫡男〟（外腹の長男）である国衡に、〝当時之妻〟（秀衡の正妻）を娶らせ、おのおの〝異心〟のないよう〝祭文〟（神への誓約書）を書かせた。そして〝義顕〟（義経）を〝主君〟として仕えるよう遺言したという（『玉葉』文治四年正月九日条）。

義経を〝義顕〟というのは、逃亡中の義経の名が、九条兼実の子の良経と音が同じなので〝義行〟と変えたが、義行は〝能行《よくゆく》〟、よく隠れるに通じるため、現れるよう〝義顕〟と名づけたのである（『吾妻鏡』文治二年閏七月十日・十一月五日・二十九日条）。自分らの都合のいいように義経の名を勝手に変えて呼ぶとは、現代人から見ればバカバカしくもあり、義経が哀れに思えるものの、名前と本人は一体という、文化人類学でいう「名実一体」（豊田国夫『名前の禁忌習俗』）の考え方がうかがえて面白い。

それ以上に面白いというか、衝撃的なのは、秀衡が息子たちの和融のため、外腹の長男国衡に、自分の正妻を娶るよう遺言したという『玉葉』の記事だ。

系図1を見てほしい。この遺言が遂行されたとしたら（されたと私は考える）、国衡は継母と結婚したわけで、〝当腹太郎〟（いま現在の正妻の一男）つまり弟の泰衡にとって異母兄の国衡は継父になったのである。

秀衡がなぜこんな遺言をしたかというと、慣習通り、正妻腹の泰衡を跡継ぎにしたものの、激動の奥州を担うには心もとないと思ったのだろう。そこで、『愚管抄』のことばによれば〝武者ガラ〟（武者柄。武者としての格）も優れ、おそらく家臣の人望もあつかった外腹の長男国衡が、弟の泰衡に離反しないよう、満足な待遇を与え、指導権を発揮できるよう、自分の正妻と結婚するよう指示した。

なぜこれによって国衡が指導権を発揮できるのか。

当時の武家社会では、家長に死に別れた「後家」の権限や財産権は、子らをしのぐものだったからだ。野村育世によれば、

「中世の後家は、夫亡き後の家長であり、家屋敷や所領などの財産をすべて管領《かんりょう》し、子供たちを監督し、譲与を行なう、強い存在であった。子供に対しては絶対的な母権をもって臨み、実質的にも精神的にも支配者であった」（『北条政子』）

現代人の想像を絶する「後家」の力があればこそ、秀衡は「後家」となる正妻を長男の国衡に譲り、国衡もまたそれを受けたと思われる。

「秀衡なきあとには、後家として、一族の束ねたるべき役割を期待されていた」彼女が妻ということになれば、「国衡の面目、これに勝るものはない」（入間田宣夫『藤原秀衡』）

系図1
奥州藤原秀衡の〝母太郎〟と〝父太郎〟
『愚管抄』『玉葉』『尊卑分脈』による

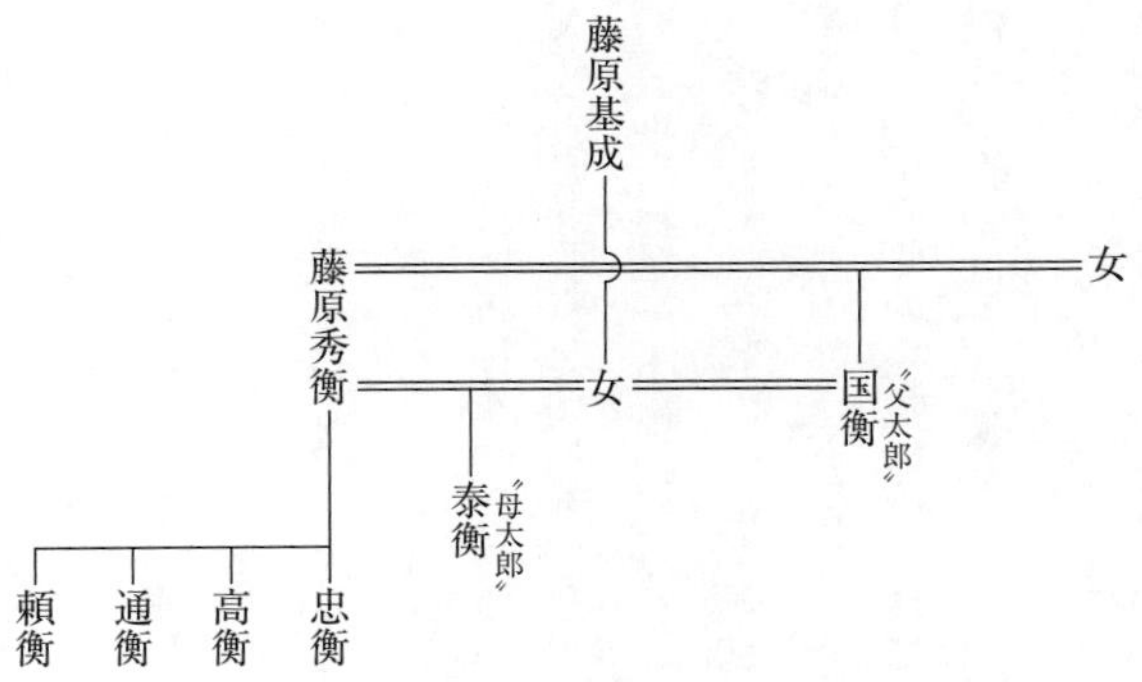

のだ。

「後家の力」で分かる義経の地位の高さ

中世の「後家の力」に注目すると、意外な事実が見えてくる。

頼朝がなぜ執拗に義経打倒を目指したか、義経がなぜ仁和寺御室の守覚法親王ら都の上流貴族に受け入れられ、九条兼実のような親頼朝派と見られる大貴族にも、

〝実以可謂義士歟〟（まことに以て義士と言ふべきか）（『玉葉』文治元年十一月三日条）

〝貽後代之佳名者歟〟（後代の佳名を残す者か）（同十一月七日条）

と、絶賛されるのか。

それは、頼朝に追われる義経が、都を戦

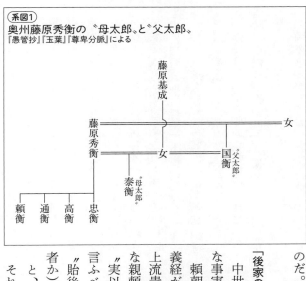

乱に巻き込むことなく、〝京都にいささかのわづらひもなさず、浪風もたてずして〟（『平家物語』巻第十二）都落ちしたことが大きい。たぐいまれなその才能と人柄は『平家物語』や『玉葉』にも繰り返されるところで、そうした義経の資質が愛されたことは言うまでもない。

それプラス、義経自身の身分の高さというのもあったのではないか。

知られるように義経は源義朝の子で、頼朝の異母弟だ。

母は九条院の雑仕《ぞうし》（雑役をつとめる下級女官）の常盤（常葉、常磐とも）で、頼朝の母（熱田大宮司藤原季範女）と比べると格段に低い地位という印象があり、息子の義経も、〝正嫡《しやうちやく》〟（『平治物語』）の頼朝に対して庶子のイメージが強い。

が、保立道久は、「常磐の出自《しゅつじ》が頼朝の母より低かったことは事実」だが、義経を「身分の低い雑仕女」の生んだ「取るにたりない庶子の一人」とするような従来の観点は「あまりに頼朝の側の主張に流されている」と批判、一一五九年、平治の乱が起きた当時、常盤は「義朝にとってただ一人の『北の方』という地位にあった」と指摘する（『義経の登場』）。

当時の人の感覚では、常盤は義朝のれっきとした妻であり、義経はいわゆる「当腹」

（いま現在の妻の腹から生まれること）の子として高い地位にいた。一方の頼朝の母はすでに亡く、正嫡とはいえ、「先妻の子」という位置づけなわけだ。

ということは、平治の乱の翌年、敗れて逃亡中だった義朝が部下に殺されたあとの常盤は、義朝の唯一無二の「後家」だったことになる。

そういう重い立場だからこそ、平治の乱を描いた軍記物の『平治物語』でも、常盤が敵将の平清盛のもとに出頭する前、三人の幼子を連れ、女主人の九条院呈子（近衛天皇の中宮）に挨拶に行き、しかも九条院は常盤らのために衣装をととのえ、牛や車、召使まで揃えて送り出したのだ。のみならず、呈子をはじめ、居合わせたすべての女房たちが皆、常盤のために涙を流したと物語にはある。このくだりをはじめて読んだ時、下っ端の召使への対応としては手厚すぎると驚いたものだが、それも常盤が義朝の後家として重視されていたと考えれば合点がいく。フィクションとはいえ、常盤はそれだけの価値のある女と、事件から百年と経たぬうちに成立した『平治物語』の読者は受けとめていたのだ。

加えて常盤は『平治物語』によれば、近衛天皇に入内する呈子のために、父伊通が「見た目の良い女を仕えさせよう」と、美人の評判の高い女を宮中から千人選び、さらにそこから百人選び、百人から十人、十人から一人と、厳選された美女だった。

北条氏側の作った歴史書『吾妻鏡』にも、義経死亡時のプロフィールに〝左馬頭《さまのかみ》義朝朝臣の六男、母は九条院の雑仕常盤〟（文治五年閏四月三十日条）と明記され、南北朝時代の系図集『尊卑分脈』の義経らのプロフィールにも「母九条院雑仕常磐（盤）」と名が記される有名人なのだ。

義朝とその妻子の系図を作ってみると（系図2）、資料で確認できる限り、三人もの子を生んだ妻は、頼朝の母と常盤だけである。先にも書いたが平治の乱当時、頼朝の母は亡く、常盤は〝左馬頭（義朝）が最愛〟（『平治物語』）の妻だった。

夫の死後、敵将・平清盛の愛人となり、さらには藤原長成卿の正妻となったのも、常盤の地位の重さゆえだろう。

義経は平家を討った最大の功労者であるばかりではなく、そんな立派な母の子であった。清盛の妻平時子の弟時忠が、壇ノ浦の合戦後、娘を義経に差し出したのも（『平家物語』巻第十一によれば頼朝はこれを不快に思っている）、奥州の秀衡が息子らに「義経を主君として仕えよ」と遺言したのも、後世の人が考える以上に義経の地位が高かったと考えれば理解できる。

角田文衛によれば、そもそも義経が奥州の藤原秀衡を頼ったのも、母常盤の関係からだ。

系図2を見れば分かるように、秀衡の妻の父基成は、常盤の再婚相手の長成の母方いとこの息子に当たる。それで「義経は基成を頼って平泉に行った」(『王朝史の軌跡』)。

常盤の役割は現代人の想像以上のものがあった。

常盤と藤原長成とのあいだに生まれた義経の異父弟能成が、高位の貴族でありながら、頼朝と敵対した義経方についたのも、常盤や義経の存在が重かったからだ。

後家としての常盤の地位の高さが分かると、息子の義経が、当時かほどに重んじられ、今なお大きな存在感を保っていることが、改めて腑に落ちる。義経の身分を低く見積もる現代人は、頼朝側の「印象操作」にまんまとはまっていたわけだ。

白拍子の愛人はステイタス

ついでにいうと、当時の遊女や白拍子の地位は非常に高く、後鳥羽院が承久の乱を起こしたのも、亀菊という院の愛人である白拍子の所領問題が発端だ。

一流の白拍子を愛人にするのはトップのステイタスで、平清盛も『平家物語』では、

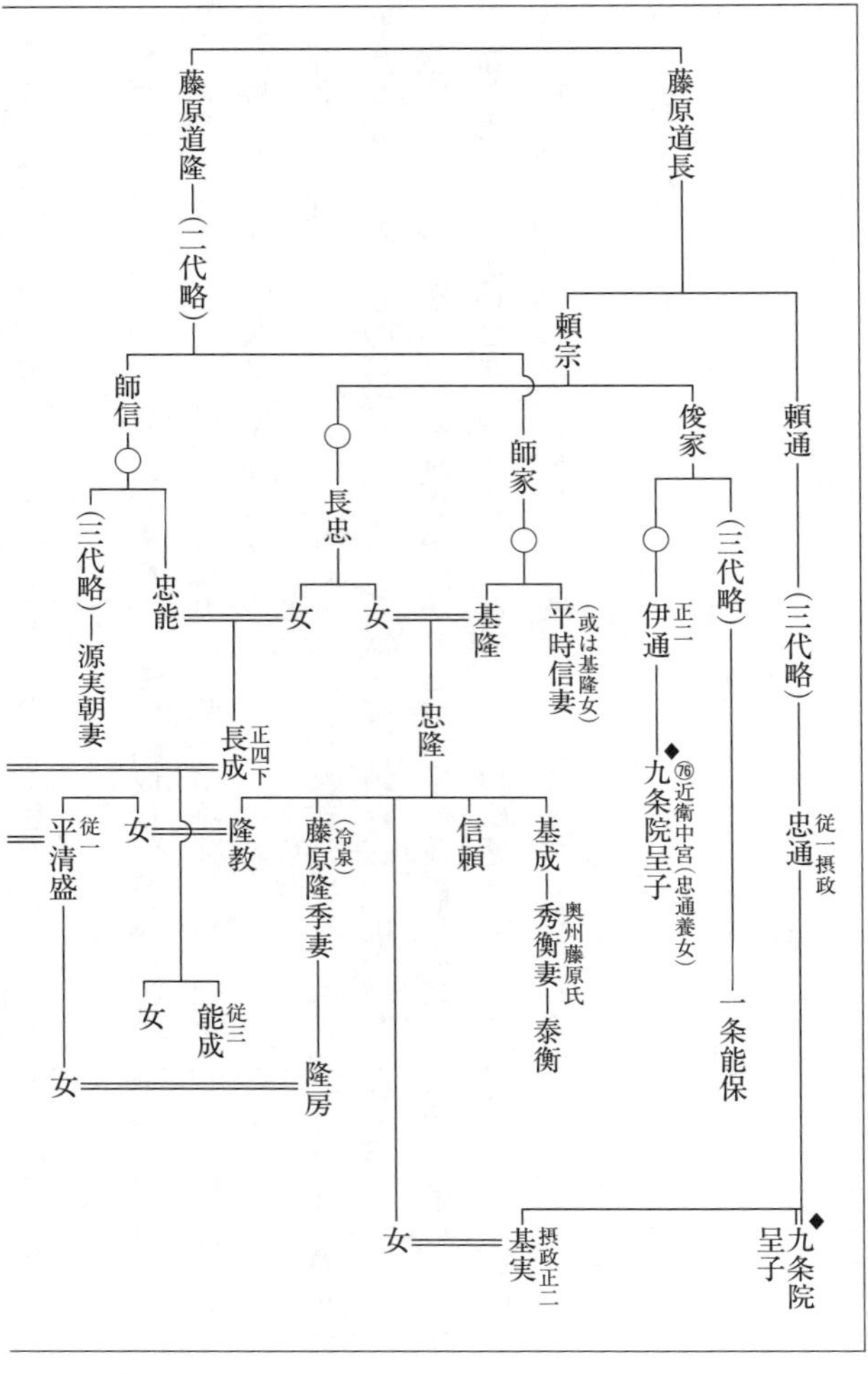
藤原道長
藤原道隆
（二代略）
頼宗
頼通
師信
師家
俊家
（三代略）
長忠
（三代略）
（三代略）
忠能
女
女
基隆
（或は基隆女）平時信妻
正二 伊通
源実朝妻
長成 正四下
忠隆
◆⑯近衛中宮（忠通養女）九条院呈子
忠通 従一摂政
従一 平清盛
女
隆教
（冷泉）藤原隆季妻
信頼
基成
奥州藤原氏 秀衡妻
泰衡
一条能保
女
能成 従三
女
隆房
女
基実 摂政正二
◆九条院呈子

（系図2）源義朝とその妻子（常盤を中心に）
『平治物語』『吾妻鏡』『尊卑分脈』等による

常盤の横の数字は婚姻・性関係順
義朝の男子の肩の数字は出生順
‖養子
◆同一人物

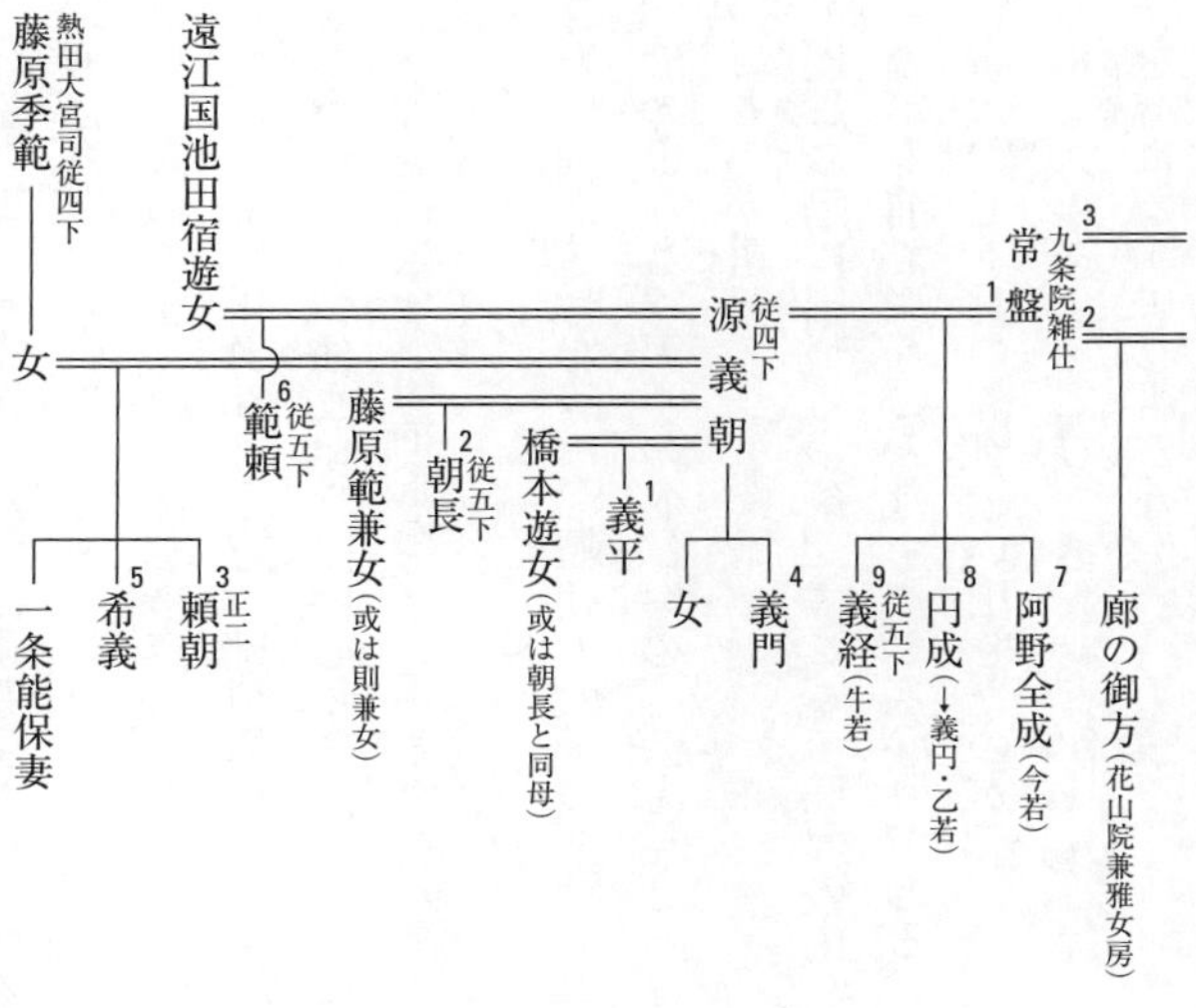

祇王・仏御前という白拍子を愛人にしている。両人が実在したかは疑問視されているが、要はそういう設定にすることで清盛の栄華を表現しているのだ。

義経が静御前のような当代一の白拍子を愛人にできたのは都を平定した天下人なればこそで、清盛や後鳥羽院と同等の力をもつことを意味する。一方の兄頼朝は、嫉妬深い北条政子のせいで愛人亀の前の住まいを壊されたり、住まいを提供した家臣を流罪にされたりしており（『吾妻鏡』寿永元年十一月十日条ほか）、白拍子を愛人にするなど夢のまた夢であった（系図3）。

『吾妻鏡』によれば、義経逃亡中、鎌倉方に拘束された静は、頼朝と政子の要請で舞を披露することになった。二人にとって、静のような〝天下の名仁〟の〝芸を見ざるは無念〟というほど静は憧れの対象だった。ところが静は、

〝予州（義経）の妾として、たちまちに掲焉《けちえん》の砌《みぎり》に出づるの条、すこぶる恥辱の由〟を主張して固辞した。義経の妾たるものが人前で舞うことはすこぶる恥辱である、というのだ。が、政子の再三の願いで、妊娠六、七ヶ月の静が歌い出したのが、

〝よし野山みねのしら雪ふみ分けていりにし人のあとぞこひしき〟

〝しつやしつしつのをだまきくり返し昔を今になすよしもがな〟

系図3 頼朝と義経の妻子
『平家物語』『平治物語』『吾妻鏡』『尊卑分脈』による

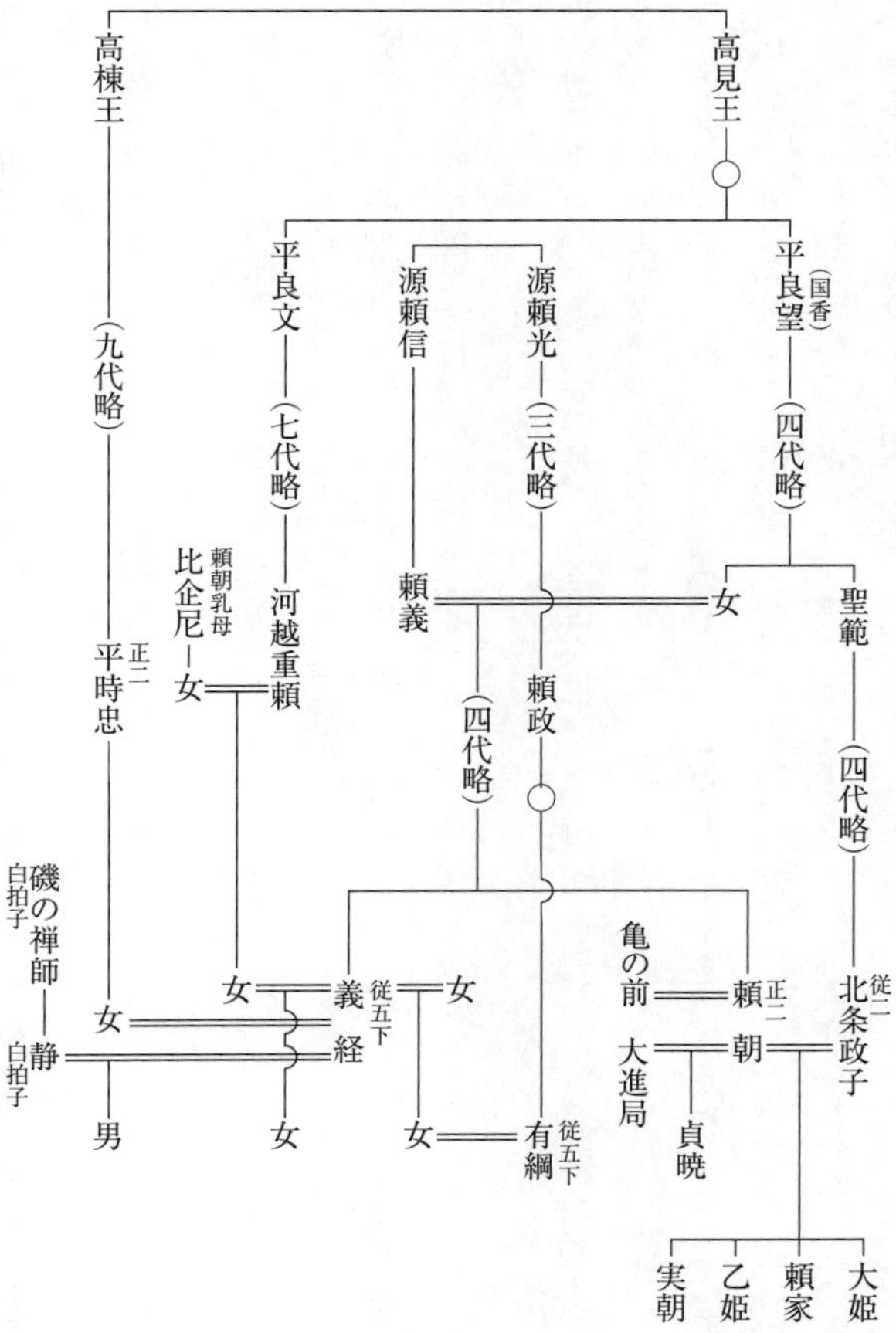

という名高い曲であった。〃上下皆興感を催す〃中、頼朝だけが〃反逆の義経を慕〃う歌に激怒した（文治二年四月八日条）。

おそらく頼朝は嫉妬したのだろう。自分たちが懇願してやっと見ることのできる天下の芸の持ち主を義経が愛人にしていることに。

政子の取りなしで事無きを得た静だったが、一月後、彼女の宿所で酒宴があり、梶原景茂に言い寄られると、〃すこぶる落涙して〃言った。

〃予州は鎌倉殿の御連枝、われはかの妾なり。御家人の身として、いかでか普通の男女と存ぜんや。予州牢籠《ろうろう》せずば、和主《わぬし》に対面すること、なほあるべからざる事なり〃（同五月十四日条）。

私は鎌倉殿の弟君である義経の妾だぞ、世が世なら、御家人ふぜいのお前に対面することなどあり得ない！　と怒ったのだ。

景茂は、義経を讒言した景時の三男なのでなおさら静の怒りを買ったにしても、『吾妻鏡』の伝える、義経の妾としての静のプライドの高さは驚くべきものがある。義経の妾であることはそれほど凄いことだった。それほどまでに義経は大きな存在だったのだ（ちなみに静の生んだ義経の子は男子だったので殺されている）。

源平二人の後家

義経の影響力を、母常盤の後家としての力に焦点を当てて考えてみたが、後家の力に注目すると、源平時代を動かしていたのは後家ではないか？　との思いに至る。

まず平治の乱で敗れた敵将・源義朝の遺児たちを救ったのが、平忠盛の後家の池禅尼だった。

『平治物語』によれば、清盛が義経らの命を助けたのは、それ以前に彼の継母である池禅尼のことばによって頼朝を助命していたからだ。首を切られるはずの当時十二、三歳だった頼朝を、〝故刑部卿忠盛の後室《こうしつ》（後家）〟として人々に〝重く〟思われていた禅尼が〝助給へ〟と主張した。ために、禅尼を〝故刑部卿殿（父忠盛）のごとくに〟大事に思う清盛は従った。それで、八歳（阿野全成）、六歳（義円）、二歳（義経）だった常盤の子らの命も助けざるを得なくなった。

義経と同時代を生きた慈円の『愚管抄』にも池禅尼が頼朝を助けたとあるので（巻第五）、〝正嫡〟の頼朝を助けた上はその弟たちも助けざるを得なくなったという『平治物語』の記述は史実を反映していよう。

こうして平家は義朝の子らを皆助けたために、のちに「滅亡」の憂き目にあうわけだが、池禅尼はそれ以前に、平家全体から見ればナイスな判断をしている。というのも平治の乱に先立つ一一五六年の保元の乱で、源平共、後白河天皇方か崇徳上皇方か、どちらにつくか判断を迫られていた。『愚管抄』によると、池禅尼は崇徳の第一皇子の乳母をつとめていたため、息子の頼盛も崇徳方につくのが筋だったのに、禅尼は、

〝ヒシト兄ノ清盛ニツキテアレ〟(巻第五)と〝オシヘ〟た。

「今回は必ず〝新院〟(崇徳院)が負けるだろう。勝てる〝ヤウ〟(理由)がない」というのだ。

大きな戦の際、同族でも敵味方に分かれて戦うのはよくあることで、源氏方は長男の義朝が後白河方に、父為義と弟の為朝らは崇徳方についた。そのため為義らは乱後、義朝の手で斬首され、源氏の力は著しく低下する。平氏方も清盛の叔父忠正は崇徳方について斬首されたが、源氏のように兄弟がバラバラになることもなく、勝ち馬に乗ることができた。それも池禅尼が〝夫ノ忠盛ヲモモタヘタル(支えていた)〟(『愚管抄』巻第五)ほどの賢い後家だったからだ。

そしてもう一人、歴史上、最も権勢を振るった後家が、源頼朝の後家の北条政子だ。

系図4　二人の後家、池禅尼と北条政子
『平家物語』『吾妻鏡』『今鏡』『尊卑分脈』等による

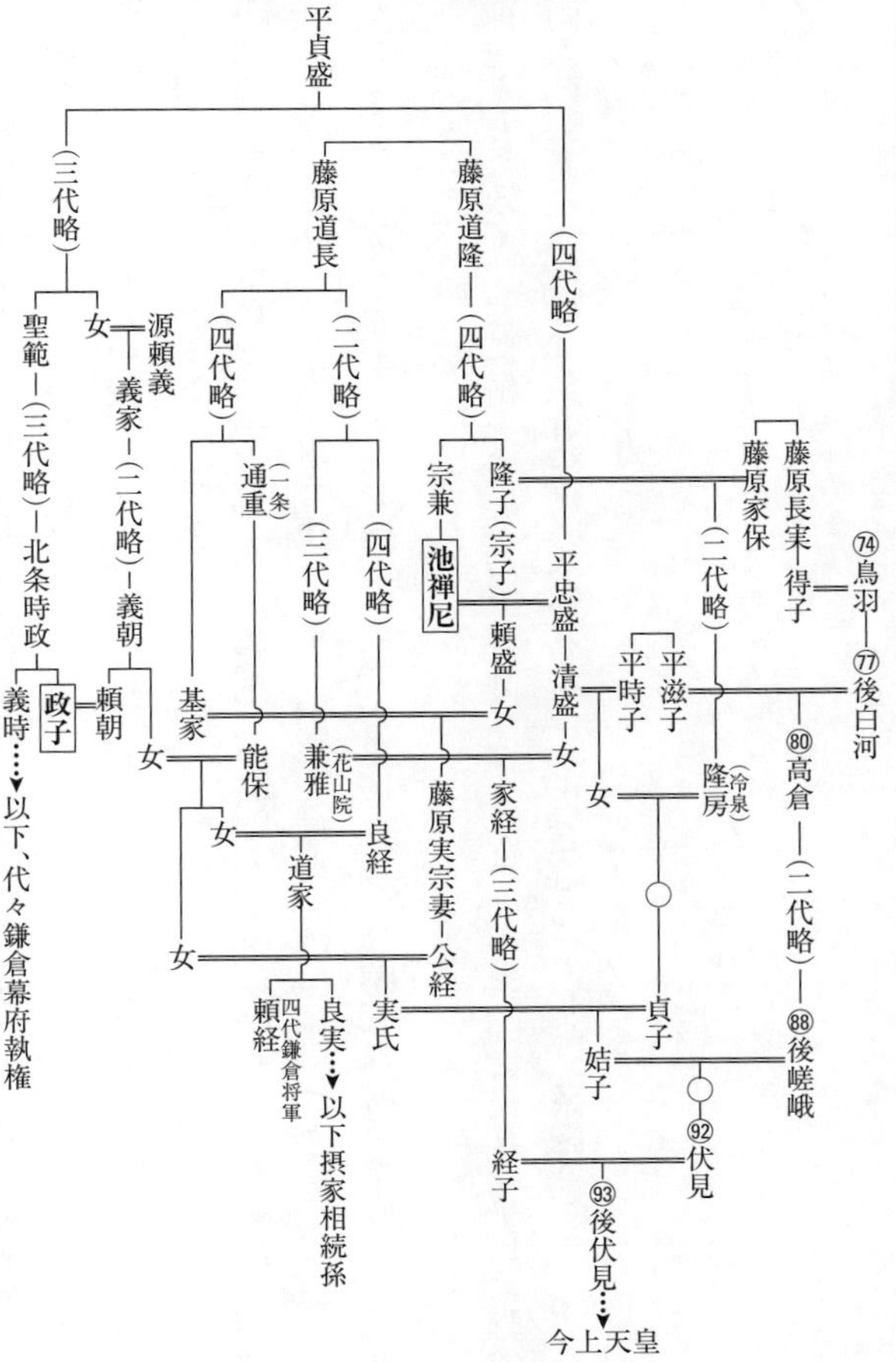

彼女が、夫頼朝や長男頼家死後、父時政と継母の牧の方をも失脚させ、次男の実朝を立てて実権を握ったことについて『愚管抄』は、

「実朝の母であり、頼朝の後家であるのだから、あれこれ申すまでもない」（〝実朝ガ母頼朝ガ後家ナレバサウナシ〟）（巻第六）

と当然のこととしている。一二二一年、後鳥羽院が承久の乱を起こし、北条氏が朝敵となってしまった時も、「尼将軍」たる政子が御家人らを前に、〝皆心を一にして奉《うけたまは》るべし〟（『吾妻鏡』承久三年五月十九日条）と大弁舌を振るって、勝利に導いたのは有名な話だ。

池禅尼と北条政子、共に婚家の男子直系は滅びたものの、女系図で見れば平氏は繁栄し、両人の実家の血筋は、鎌倉時代の公武のトップに君臨している（系図4）。

補講その四　戦国時代の偽系図

下剋上の戦国時代、さまざまな偽系図が作られたのは有名な話だ。徳川家康は松平から徳川に改姓後、「しばらくは藤原氏と源氏とを適宜《てきぎ》使い分けていた」（辻達也編『天皇と将軍』）といい、戦国大名が自分の都合で先祖を捏造していたことが分かる。そんな家康ではあるが、「かねがね源氏の流れに結びつきたいという『そし』（素志）をいだいて」おり、やがて「はっきり清和源氏《せいわげんじ》を称するようになる」（前掲書）。

武家政権を打ち立てた源頼朝に憧れを抱いていた家康は、自分を源氏と結びつけようとして、その子孫を名乗ったのだ（⇓第十講）。

ここが「偽系図」の面白さで、そこにはその武将の「なりたい先祖」が反映されている。自由に作れるとなれば、そりゃあ好みの先祖を持ってきたいだろう。

好みだけではない。

そのチョイスには、自分の立場・職掌を強化するというか、裏づけする要素が秘められている。

学者と武将と「醜パワー」

たとえば柳生一族は菅原道真の子孫を自称していて、『寛政重修諸家譜』にもそう記されている（歴史REAL編集部編『敗者の日本史 消えた古代豪族と「その後」』）。

その信憑性はともかく、私が興味深く思うのは「自称している」ということ。

というのもかつてブスとかブ男について調べている時、気づいたのだが、昔の高名な学者には、小男・ブ男伝説があったり、鬼や地獄と関係した説話がつきまとっているのだ（拙著『ブス論』『美男の立身、ブ男の逆襲』）。

室町時代の説話によれば空海は色黒の小男（『苅萱』）だし、菅原道真も小男（『天神の本地』）。これらは伝説だが、応天門の変で失脚した伴善男は、同時代の道真らが編纂した『日本三代実録』に〝天資鬼脉〟（生まれつき鬼神のような資質があり）〝為人奇貌。深眼長鬢。身体矬細〟（風貌は奇怪で、眼が深くくぼみ、もみあげが長く、身長は低く痩せている）とあって、小男のブ男だったことが確実だ。

彼らは鬼との交流も深く、都良香は鬼に下の句をつけてもらった漢詩を内裏で公表したと言われるし（『本朝神仙伝』『十訓抄』など）、道真の詩友でもあった紀長谷雄は朱雀門の鬼との双六に勝って美女を得るものの、「美女を抱くのは百日経ってから」という鬼との約束を破り、美女は水と流れてしまう。それで怒った鬼に襲われそうになったため、〝北野天神たすけ給へ〟と念じたところ、空に天神の怒声がして、鬼は一瞬にして消え失せたと言う（『長谷雄草紙』）。

北野天神とは死後、神として祀られた菅原道真のこと。鬼を退散させた北野天神自身、鬼として認識されていて、『北野天神縁起』では、彼の怨霊が雷神となって清涼殿に落雷したり、〝眷属〟である火雷火気毒王が清涼殿を火事にする様も描かれているが、その姿は鬼以外の何物でもない。

高名な学者やインテリたちが醜貌や鬼と結びつけられているのは、彼らが「醜パワー」と関係していると私は考えている（拙著『ブス論』）。

〝醜〟とは〝しこ〟と読む。日本神話でイザナキが死の国である黄泉から帰還した時、〝しこめき穢き国〟と言うことなどからして（『古事記』）、もとは死体の醜さを指したのではないか。また、相撲取りが「四股を踏む」の「四股」は、大国主神の異名の〝葦原《あしはらの》醜男《しこを》〟（『日本書紀』。「葦原国の強い男」の意）の〝醜〟に通じるものがあり、醜さのほかに「力強い」という意味もある。

醜さには、誰も免れることのできない死に匹敵するパワー、何にもまさる力がある……日本神話や『万葉集』などの記述から、そんなふうに古代人はとらえていたというのが私の考えで、これを「醜パワー」と名づけた。

この醜パワーを重視したのは戦乱で命の危険にさらされる武士たちで、美人を娶ると命が短く、武運拙くなるので、ブスと結婚しろという教えが鎌倉から戦国時代の武士階級に蔓延する（『男衾三郎絵詞』『陰徳太平記』など）。

興味深いのは、天才的なインテリと醜パワーの関係で、中世の『源氏物語』ガイドブック『源氏小鏡』によれば、紫式部の前世は、天竺では〝りきしん〟（力人＝力士）で、古代日本では〝たちからおのみこと（原文ママ）〟（手力男命）だった、とされている。

力士とやはり深い関係にあるのがほかならぬ菅原道真だ。

道真の先祖の野見宿禰はズバリ最強の力士だった。垂仁天皇の御前で、当麻蹶《たぎまのけ》速《はや》と勝負して、そのあばら骨と腰骨を踏み砕いて即死させたのだ。彼はそのような怪力であるだけでなく、皇后の死に際し、召使を殉死させる代わりに、〝埴《はにつち》〟で人や馬の形を作り、陵墓に立てることを進言。これが〝埴輪《はにわ》〟の起こりとなった（『日本書紀』）。

それで天皇の喪葬を司る〝土部臣《はじのおみ》〟（土師氏）となり、桓武天皇の時代（その母方祖

戦国時代の偽系図
(学者と醜パワー)
『尊卑分脈』『菅家文草』
等による

◆ 同一人物

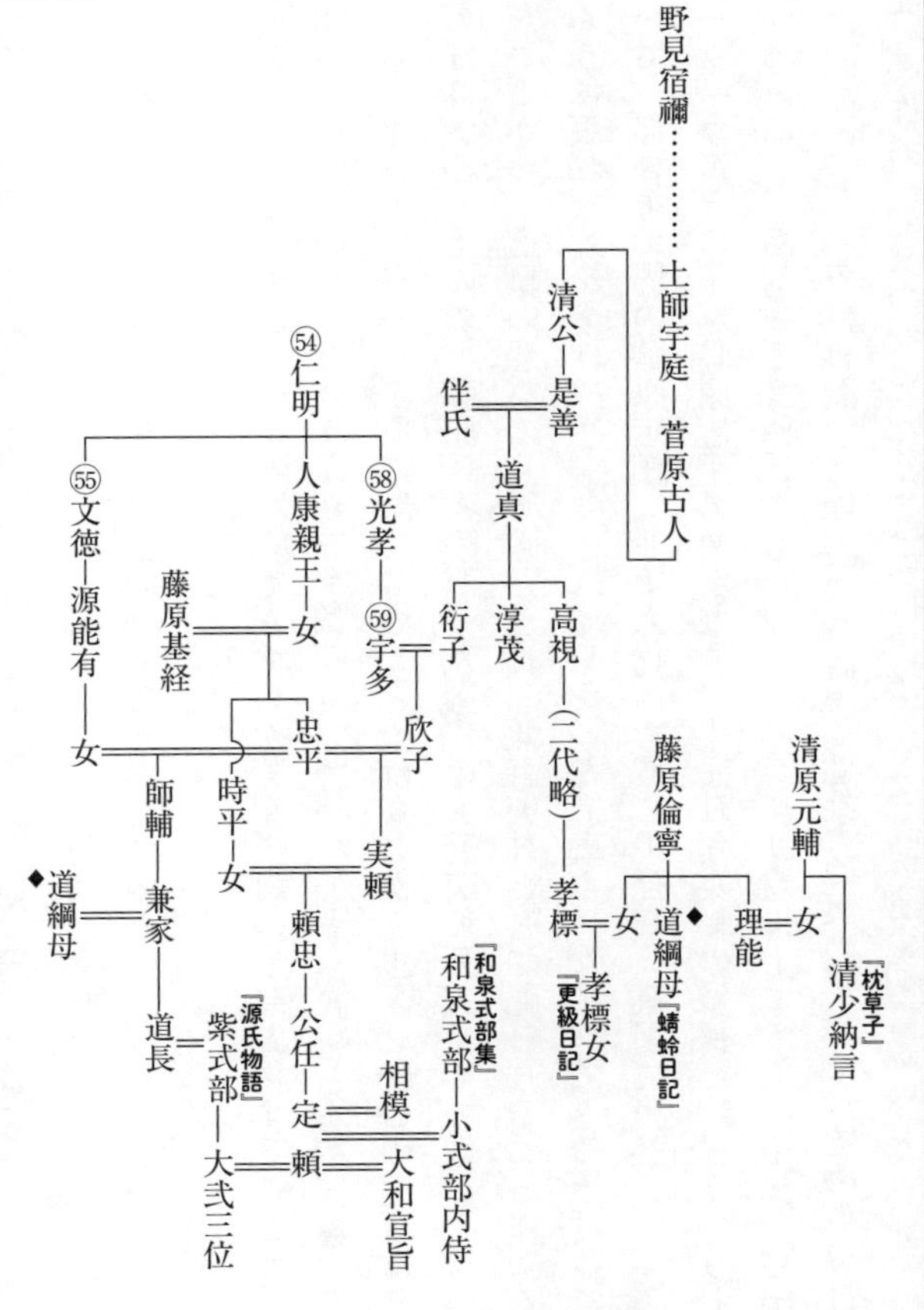

母は土師氏)、居地名による改姓を願い、菅原の姓を賜ったのだ(『続日本紀』)。

道真の先祖は体力的な力と知的な力を兼ね備えていたわけで、紫式部の前世の伝説からしても、昔の人は、知力はカラダの力と連動すると考えていたのかもしれない。

柳生氏の話に戻ると、剣豪として身を立てた彼らが菅原道真の末裔と称することは、学問の神様のパワーを得たいというより、学者のもつ「醜パワー」、武運とか不死身、鬼や霊界と交歓できるというパワーを期待してのことではないかと思う。肝心の道真は右大臣までのぼりつめたものの、藤原氏の陰謀で左遷先の大宰府で死去。その後、政敵が次々死んだことから、道真の怨霊のしわざとされ、北野天神として祀られることになる。

そんなふうに哀れな死を遂げ、怨霊にされてしまった道真も、女系図でみるとけっこう栄えていて、あのモテ男の藤原定頼(⇒第六講)も彼の子孫だ(**系図**)。

娘の衍子と宇多帝との子が藤原忠平の妻となり、生まれた実頼の曾孫が定頼というわけ。女系図でみると、敵対する藤原氏とも合流し、インテリ女にもてもての子孫を輩出しているのが面白い。『更級日記』の作者の菅原孝標女も道真の子孫で、その伯母は『蜻蛉日記』の作者、伯父の妻の姉妹には『枕草子』で名高い清少納言がいる。

第十講　徳川将軍家はなぜ女系図が作れないのか

子や孫に呼び捨てにされた側室

大奥を舞台にした昔のドラマには、側室が男子を生むと急に大事にされ、子供にも「母上」などと呼ばれるシーンがあったものだが、江戸時代最後の将軍慶喜の孫娘の大河内冨士子夫人によれば、

「テレビで気になるのは、側室が皆ひどく威張っていること。いくら跡取りをお生みしても側室は局《つぼね》で、格は老女の方が家では上位ですよ」（遠藤幸威『女聞き書き　徳川慶喜残照』）

老女とは侍女の筆頭のことで、大奥では「御年寄」と呼ばれる。側室はその下に位置し、子や孫にも呼び捨てにされていた。

そのように徳川将軍家の側室の地位が低いことは本を読んで知ってはいた。

が、今回、将軍家の母方の系図を作ろうとして、はたと困った。

特定の強い外戚がない。

「女系図」が作れないのだ。

歴代将軍の母となった女にはそもそも高貴な人が少ない。百姓や八百屋、魚屋の娘などもいて、中には四代将軍家綱の母のように、禁猟区の鶴を捕って売り死罪となった者の娘もいる。

これは、平安時代の天皇家には藤原氏、鎌倉前期の源将軍には北条氏、室町時代の足利将軍には日野氏というふうに、強い外戚がつきものだったそれまでの権力者にはないことではないか。

と思い立って、平安・鎌倉・室町・江戸の各時代の最高権力者の母親の地位や出身階級を調べたところ、女系図的に非常に興味深いというか、驚くべき結果を得た。

表1を見てほしい。平安時代の摂政関白（すべて藤原氏）の母を調べたもので、摂関職にあった二十二人中、正妻腹（母親が正妻）なのは十七人。ただし平安中期くらいまでは、後世のように正妻・側室の区別や格差がはっきりしていたわけではなく、たとえば藤原兼家は〝北の方〟が三人いたので〝三妻錐《みつめぎり》〟とあだ名されていた（『源平盛衰記』

巻第二）。ほぼ対等の妻が三人いたわけで、中でも時姫は、多くの有力な子供たちを生むことで揺るぎない地位を得た。が、やはり兼家の妻で、時姫と同レベルの出身階級の道綱母は、その著書『蜻蛉日記』を見ると、時姫と同等の身分意識があり、彼女が天皇家に入内できるような娘を生めば、あるいは時姫以上の地位になったかもしれない……というような流動的なところがあった。兼家の息子の道長にも源倫子と源明子という二

表1 平安時代
（但し、平安時代の側室は後世の側室と異なり、妻の一人といった感覚）

	摂政関白（すべて藤原氏）	母	夫との関係
866年～	1良房	藤原真作女・美都子（異説あり）	北の方（正妻）
	2基経	藤原総継女・乙春	北の方（正妻）
	3忠平	人康親王女	北の方（正妻）
	4実頼	宇多皇女・源欣子	北の方（正妻）
	5伊尹	藤原経邦女・盛子	北の方（正妻）
	6兼通	藤原経邦女・盛子	北の方（正妻）
	7頼忠	藤原時平女	北の方（正妻）
	8兼家	藤原経邦女・盛子	北の方（正妻）
	9道隆	藤原中正女・時姫	北の方（正妻）
	10道兼	藤原中正女・時姫	北の方（正妻）
	11道長	藤原中正女・時姫	北の方（正妻）
	12頼通	源雅信女・倫子	北の方（正妻）
	13教通	源雅信女・倫子	北の方（正妻）
	14師実	藤原種成女・祇子	妻の一人（側室）
	15師通	源師房女・麗子	北の方（正妻）
	16忠実	藤原俊家女・全子	北の方（正妻）
	17忠通	源顕房女・師子	北の方（正妻）
	18基実	源国信女・信子	妻の一人（側室）
	19基房	源国信女・国子（三女）	妻の一人（側室）
	20基通	藤原忠隆女	妻の一人（側室）
	21師家	藤原（花山院）忠雅女	北の方（正妻）
～1196年	22兼実	藤原仲光女・加賀	家女房（側室）

人の〝北の政所〟(『大鏡』道長伝)がいたが、道長は倫子と同居しており、子らの昇進も倫子腹のほうが上なので、今でいえば倫子が正妻といった具合だ。このように平安時代の妻たちには、江戸時代の正妻と側室の如き格差はないものの、摂政関白二十二人中十七人の母が今で言う正妻であることは間違いない。

表2は続く鎌倉時代の将軍と、将軍を支える実質的な最高権力者である執権(すべて北条氏)の母を調べたもの。北条氏は初代頼朝の妻であり、二代・三代将軍の外戚であることから権勢を振るった。将軍は四代目からは京より公卿や皇族を迎えたが、九人中六人の母が正妻だ(後妻含む)。執権の中には母が不明な者もいるものの、正妻腹であるのが確実なのは十六人中九人。

表3は室町時代の将軍(すべて足利氏)の母を調べたもので、母が正妻と分かる将軍は十五人中七人。

そして**表4**が江戸時代の将軍(すべて徳川氏)の母を一覧にしたものだ。姓はすべて異なり、正妻であるのは十五人中三人で、他は全員側室だ。将軍十五代の御台所(ここでは徳川将軍家の正妻を指す)のうち、将軍の母となった御台所となると、三代将軍家光の母一人である。正妻腹の将軍と数字が異なるのは、他家から将軍として迎えられる

表2 鎌倉時代

	将軍	母	夫との関係
1192年〜	1源頼朝	藤原季範女	正妻
	2源頼家	北条政子	正妻
	3源実朝	北条政子	正妻
	4藤原頼経	藤原公経女	正妻
	5藤原頼嗣	藤原親能女	側室
	6宗尊親王	平棟基女・棟子	准三后（中宮ではないので側室とする）
〜1333年	7惟康親王	藤原兼経女	正妻
	8久明親王	藤原公親女	御匣殿（側室とする）
	9守邦親王	惟康親王女	正妻

執権（すべて北条氏）	母	夫との関係
1時政	伴為房女	?
2義時	伊東氏?	?
3泰時	阿波局	女房（側室）
4経時	安達景盛女・松下禅尼	正妻
5時頼	安達景盛女・松下禅尼	正妻
6長時	平基親女・治部卿局	正妻
7政村	所朝光女・伊賀の方	正妻
8時宗	北条重時女・葛西殿	正妻
9貞時	安達義景女・堀内殿	正妻
10師時	北条政村女	正妻
11宗宣	北条時広女	正妻
12熙時	未詳	?
13基時	未詳	?
14高時	安達泰宗女	側室
15貞顕	遠藤為俊女	側室
16守時	北条宗頼女	正妻

表3 室町時代の将軍

	将軍（すべて足利氏）	母	夫との関係
1338年〜	1尊氏	上杉頼重女・清子	側室
	2義詮	北条久時女・登子	正妻
	3義満	紀良子	側室
	4義持	藤原慶子	側室
	5義量	日野資康女・栄子	正妻
	6義教	藤原慶子	側室
	7義勝	日野重光女・重子	側室
	8義政	日野重光女・重子	側室
	9義尚	日野重政女・富子	正妻
	10義稙	日野重政女	正妻
	11義澄	藤原（武者小路）隆光女	側室
	12義晴	日野富子姪?	?
〜1573年	13義輝	藤原（近衛）尚通女	正妻
	14義栄	大内義興女	正妻
	15義昭	藤原（近衛）尚通女	正妻

表4 江戸時代の将軍

	将軍（すべて徳川氏）	母	夫との関係
1603年〜	1家康	於大（水野氏）	正妻
	2秀忠	西郷局（西郷氏）	側室
	3家光	お江（浅井氏）	正妻
	4家綱	お楽（百姓の娘で父は主家の金を横領、また禁猟区で鶴を狩り売りして死罪）	側室
	5綱吉	お玉（八百屋の娘?　北小路氏?）	側室
	6家宣	お保良（魚屋の娘?）	側室
	7家継	お喜世（住職勝田氏）	側室
	8吉宗	お由利（百姓の娘?　巨勢氏?）	側室
	9家重	お須磨（大久保氏）	側室
	10家治	お幸（梅渓氏）	側室
	11家斉	お富（岩本氏）	側室
	12家慶	お楽（押田氏）	側室
〜1867年	13家定	お美津（跡部氏）	側室
	14家茂	おみさ（松平氏）	側室
	15慶喜	吉子女王	正妻

表5 正妻腹率

	平安時代	鎌倉時代		室町時代	江戸時代
	摂政関白	将軍	執権	将軍	将軍
母が正妻である数/全体数	17/22	6/9	9/16	7/15	3/15
母が正妻である率＝正妻腹率（四捨五入）	77%	67%	56%	47%	20%

場合があるからだ。

これらをまとめて各時代の権力者の正妻腹率を割り出したものが表5である。

こうして通時代的に権力者の正妻腹率を表にしたのはこれが初めてだと思うが、平安時代の摂関77％、鎌倉時代の将軍67％、執権56％、室町時代の将軍47％、江戸時代の将軍20％の順で、時代が下るにつれ見事に正妻腹率が低くなっているのが分かる。

なかでも江戸時代の徳川将軍の正妻腹率の低さは異常なほどで、予想していたとはいえ、正直、他の時代とここまで極端な差が出るとは思わなかった。

要するに徳川将軍はほとんど側室腹なのだ。


これはどういうことかというと、一つには、母方の重要性が低くなっている、女の影響力、地位の低下を示していよう。

性を売る遊女の地位が十四世紀を越えると「劇的といってもよいほど」変化し、十五、六世紀になると、遊女の統括者は女から男へ変わり、地位が低下することは網野善彦が指摘していて、「一般平民の中での女性の地位も」十五世紀以降「かなりの変化が起こりはじめている」（『職人歌合』）と言い、私も古典文学を読んでいるとその実感はあった。

そういう女の地位の変化が、権力者の正妻腹率の変化にも表れている。

その芽はすでに平安末期、天皇の母方が実権を握る外戚政治から、天皇の父方（院）が実権を握る院政に移り変わったころからあって、中流貴族の娘が大貴族の養女となって天皇家に入内するということが増えてきた。〝腹〟より父の名が大事になってきたのだ。極めつきが江戸時代の将軍家で、庶民の娘が武士の養女になって大奥にあがり、大奥の最高権力者たる「御年寄」などの推薦を得て、将軍のお手つきになったりする。

とくに江戸時代の前半など、将軍の子さえ生めば身分は何でもいいという感じで、いくら女の地位が低くなったとはいえ、ここまで極端なのは将軍家ならではの事情があったと考える。

正妻と側室の極端な身分差

徳川将軍家の妻妾を見て驚くのは、正妻（御台所）と側室の極端な身分差だ。

御台所は、三代家光将軍以降は、皇族や最高位の公卿から迎えられた。十五代中二代ほど外様大名の島津家出身の御台所がいるが、いずれも近衛家の養女になってから輿入れしている。

幕府がこうした方針をとった理由は、「天下を統一し、征夷大将軍となった以上、例《ママ》え大々名であろうともすべて臣下であり、最早武家の社会には対等に交際できる家柄は一つもなくなった」というのと、「徳川幕府にとって朝廷、公卿はやはり面倒な存在であったから、常にこれを懐柔して置く必要があった」（高柳金芳『江戸城大奥の生活』）と説明される。

初代将軍家康は朝廷を非常に意識しており、一六二〇年、二代秀忠の五女和子が天皇家に入内したのは亡き家康の方針によるものだった（村井康彦編『洛 朝廷と幕府』）。が、ふつうに考えれば、側室の一人くらい大名家から迎えてもいいだろうに、幕府はそうしない。側室は基本的に旗本の娘で、先にも触れたように武家以外の者もいた。これは側室が、大奥に仕える女中から選ばれるためで、御台所が「将軍家と対等」という位置づけなのに対し、側室は「将軍家の臣下」という位置づけだ。平安貴族でいえば、女房として仕えつつ主人の性の相手もするいわゆる「召人《めしうど》」に近いかもしれない。

つまりは召使である。

面白いのは十二代将軍家慶の側室のお琴の方で、彼女は「紀州新宮三万三千石の城主」でもある「紀州家の御付家老水野対馬守忠啓の娘」でありながら、「杉三之丞という小身旗本の娘」として奥女中に上がっていた（高柳氏前掲書）。箔を付けるため格上の家の養女になるのが普通なのに、その逆をしたのだ。これは彼女の兄忠央の野望ゆえで、三万三千石を領していても陪臣に過ぎないため、妹を使って将軍家に取り入ることで大名扱いされることを目論んだらしい。果たしてお琴の方は寵愛を受け、紀州藩での忠央の影響力は強くなったものの、のちに失脚。しかもお琴は将軍死後、出家の身で大工と密通し、噂が広まったため自害した。一説には兄に手討ちにされたという。天皇の死後、その妃が再婚することもあった平安中期では考えられないことでびっくりだが……。

将軍に寵愛されれば一族が恩恵を受けるのは確かで、三代将軍家光の側室のお夏の方は京都の町人の娘で、御湯殿役という、将軍の入浴の世話をする下級の女中だったのがお手つきとなり男子を生んだ。そのため彼女の父は甲府家の老臣、弟は五千石を賜って家老になった。とはいえ、あくまで家老なので、先の水野忠央と同じく陪臣に過ぎない。

側室はもとの身分が低いので家族の立身もたかが知れており、母方が大きな力を持つべくもない。

では御台所（正妻）はどうかというと、大奥の主人ではあっても、権力者ではない。大奥の最高権力者は御台所ではなく、「御年寄」と呼ばれる旗本出身の女中の長だ。冒頭の大河内夫人の言う「老女」である。奥女中の中から将軍に側室を推薦するのも主として彼女らの役割だ。

側室も御台所も力を持てないようにできている。

徳川将軍家の妻妾政策から浮き彫りになるのは、「強い外戚を決して作らない」という固い意思だ。

そのために作られたのが「大奥」だったのではないか。

「性」と「政」を峻別

御年寄が大奥を取り仕切る決まりは、三代家光将軍の乳母春日局によって整えられた。これによって「将軍の妻をロボット化した」(稲垣史生「大奥艶史三百年」『別冊太陽 徳川十五代』所収)のである。

もともと京という遠隔地から、実権のない皇族・公卿を御台所に迎えたところで、徳川家にとって大きな脅威にはならない。辻達也によれば、平安末期の源頼朝から安土桃山時代の織田信長に至るまで、敵を討伐する際は、必ず朝廷に奏請して戦いの大義を得るのが武士の常だった。ところが豊臣秀吉と徳川家康の小牧・長久手の戦い以来、「大きな軍事的対峙において朝廷がまったく介入の余地を失い」無力な存在となっていた（同氏編『天皇と将軍』）。

しかも御台所は「御年寄」によって権勢を抑えられ、ただでさえ低い身分出身の側室も力を持てぬ仕組みが作られていた。側室が将軍と寝る際は、将軍の左に少し離れて「御添寝」役、側室の右にも少し離れて「御坊主」（女でありながら坊主頭で男の衣装で将軍に仕え、奥のみならず表にも行ける）が寝る。つまり四人で寝るわけで、「御添寝」役も将軍のお手付き（側室）だったため、側室と将軍の睦言を他の側室が監視するという恐ろしいシステムになっていた。もっともこれは開幕当初からあったわけではなく、「五代綱吉のころ柳沢吉保が愛妾染子を利用して、甲府百万石の御墨付を認めさせた事件からという」（高柳氏前掲書）。

徳川将軍家は、御台所や側室の一族が政治的な力を持たぬよう、代を重ねるごとにシステムを強化していった。

娘を天皇家に入内させ、生まれた皇子の後見役として一族が権勢を振るう外戚政治によって「性＝政」を体現していたのが平安貴族なら、将軍の性を大奥に封じ込め、表の政治と切り離し、大奥の運営すらも「御年寄」の手に委ねることで「性」と「政」を峻別したのが徳川将軍家なのだ。

そのベースを作ったのは先にも触れたように春日局だが、基本方針を作ったのは家康ではないか。

〝フグリ〟をつぶされた鎌倉将軍

家康は『吾妻鏡』を愛読していた（貴志正造訳注『全譯吾妻鏡』一 訳者序）。『吾妻鏡』は周知のように北条氏による鎌倉六代将軍までの歴史書だが、これを読むと北条氏が自分たちの権勢を邪魔する一族を徹底的に粛清していることが分かる。

中でも印象的なのは比企氏の粛清で、北条氏は比企氏ばかりか、北条政子の実の息子である二代将軍頼家まで殺している。頼家が母方の北条氏ではなく、妻方の比企氏側についたからだ。

事の起こりは、建仁三（一二〇三）年、頼家の発病に始まる。死を予感した頼家は弟の千幡（のちの三代将軍実朝）と子の一幡に関西・関東の地頭職などを譲渡した。ところが一幡の母方祖父の比企能員は千幡にも地頭職が分けられていることに憤慨し、千幡の外戚である北条氏追討を頼家に相談、頼家はこれを〝許諾〟した。それを頼家の母北条政子が聞きつけ、逆に能員はおびき出されて殺され、比企氏の残党も処刑される（『吾妻鏡』建仁三年九月二日条）。そして頼家は翌元久元（一二〇四）年七月十八日、修禅寺で死去する（同元久元年七月十九日条）。

と、ここまでは『吾妻鏡』の記述だ。

京都方の大貴族の家に生まれた慈円の『愚管抄』によれば、一幡の外戚たる比企能員が一幡を跡継ぎにすることで自分の〝世〟にしようとしたのを、頼家の母方祖父の北条時政が聞きつけ、頼家の弟の千幡を跡継ぎにしようと考えて、能員を呼び出して殺した。幼い一幡は政子の弟義時が捕らえて殺させ、頼家を修禅寺に〝ヲシコメテ〟（幽閉し）、翌年殺害。

それも、

「首に紐を巻き、陰嚢をつぶしたりして殺した」（〝頸ニヲ（緒）ヲツケ、フグリヲ取《とり》ナドシテコロシテケリ〟）（巻第六）

という残虐な方法であった。

比企氏の悲劇は、ひとえに将軍の外戚になろうとしたことから、もたらされた。

比企氏の生んだ一幡が将軍になれば、将軍家の外戚として繁栄していた北条氏は、権力の座を比企氏に奪われる。それを防ぐために北条氏は、比企氏ばかりか、北条氏の血を引く一幡や将軍頼家をも殺した。

思えば、天皇家の外戚の座を争っていた平安貴族の世界は平和であった。道長が権力に物言わせ、自分の娘彰子の生んだ第二・第三皇子を東宮にしたり、第一皇子を生んだ定子の兄弟たちを左遷するようなことはあっても、権力のために子や孫まで殺すというようなことはなかった。

強い外戚を作らない

もちろん北条氏とて、殺生や権力闘争でエネルギーを消耗することは避けたかったに違いない。

三代将軍実朝が頼家の遺児公暁によって殺された後（それも北条氏の謀略という説もある）、北条氏が公家将軍・皇族将軍を京から迎えるようになったのは、北条氏に拮抗する強い外戚を作らないための大発明だったと言える。

このやり方に徳川将軍家はならったのではないか。

家康自身、側室は鋳物屋の妻や町家の娘など低い身分の者が多く、お嬢様好みの秀吉と比較されるところで、稲垣史生は「秀吉みたいに上品な美女でなく、専ら実用的な魅力ある女を求めた」と評するが（前掲書）、一つには、強い外戚を作らぬためではなかったか。

御台所に京都の貴人を迎えるのは三代家光以降の慣習なので、直截的に家康は関わらないまでも、『吾妻鏡』を愛読していた家康の精神を、春日局なり後任の幕僚なりが受け継いだということはあろう。

徳川幕府の妻妾制度は『吾妻鏡』、もっというと北条氏から学んだところが大きいように思う。

それは徹底的に徳川家のみが力をもつやり方であり、権力闘争を避けるやり方でもある。

源家に貢献しながら北条氏に滅ぼされた比企氏の悲劇を繰り返さないために……と、言いたいところだが、比企氏の女系図を作ってみると（系図1）、北条氏の血を伝えている上、驚くことに江戸時代の島津氏にもつながっている。唯一武家ながら二度も徳川将軍家の御台所を出した、あの島津氏だ。

徳川幕府でなぜ島津氏だけが特別扱いされたかというと、島津氏の「五代藩主継豊が、

系図1 比企氏(島津氏)と徳川氏

『尊卑分脈』『吾妻鏡』『吉見系図』『系図纂要』
『鹿児島県史・別巻』等による

‖養子

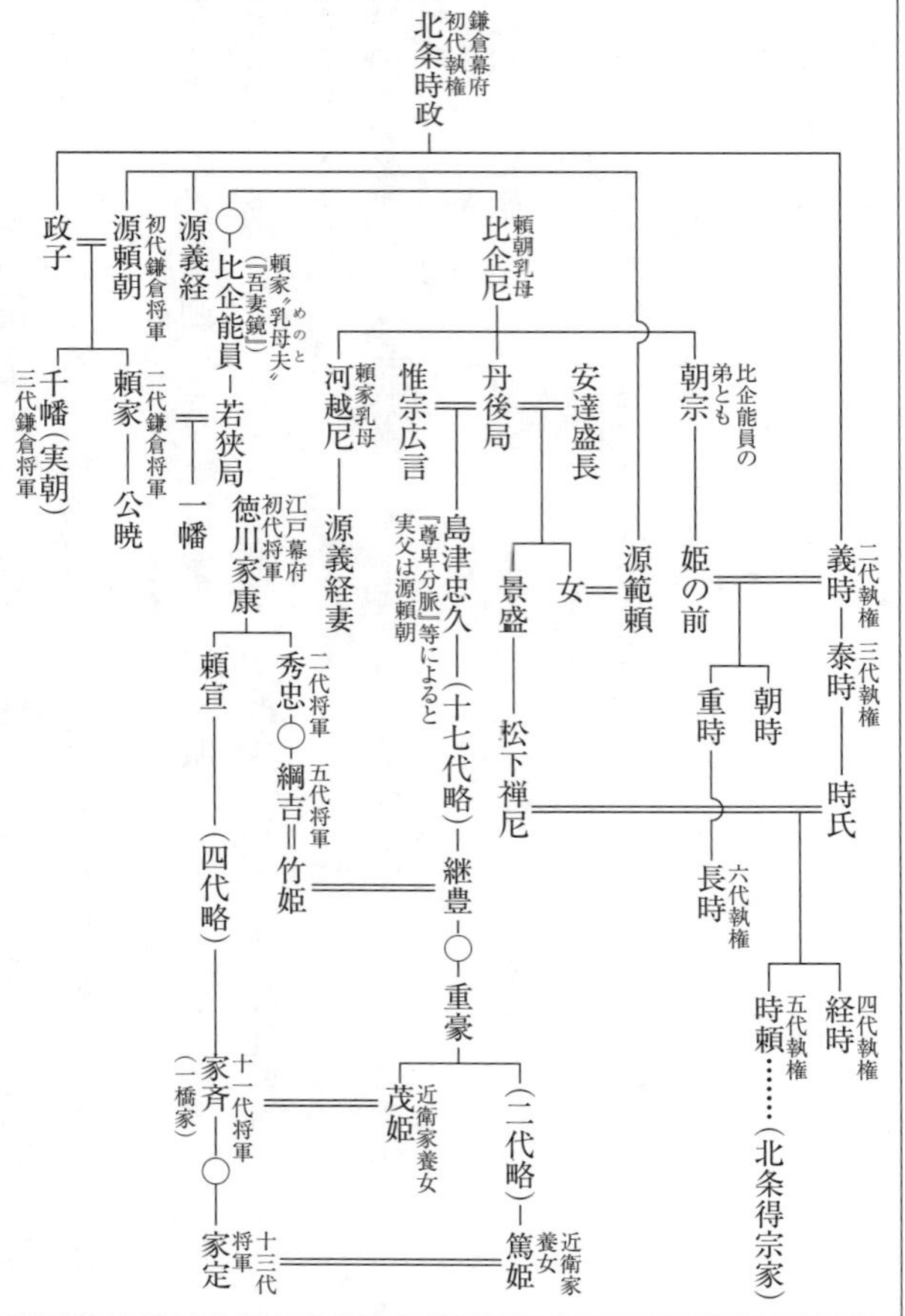

五代将軍綱吉の養女竹姫を娶ったことから、将軍家の縁戚となる。そして、将軍家の一族である御三卿の一橋家に八代藩主重豪《しげひで》の娘茂姫が嫁いだ。その相手の一橋豊千代が、宗家の血筋が絶えたため、十代将軍家治の養君（将軍となるべき養子）となり、十一代将軍家斉となった」（山本博文編著『図説大奥の世界』）。「いわば偶然のなりゆき」（同前）であったわけだが……。

島津氏の先祖忠久の実父は源頼朝と伝えられている（『尊卑分脈』・『島津家譜』・『系図纂要』など）。源頼朝は家康の目標とした人物で、「家康がかねがね源氏の流れに結びつきたいという『そし』（素志）をいだいて」（辻達也編前掲書）源氏につながる系図を作り、源氏を名乗っていた（⇒補講その四）ことを思うと、奇しき縁を感じてしまう。

補講その五　茶々と家康の縁談

『大坂城と大坂の陣』（北川央）を読んで知ったのだが、秀吉の死の翌年の慶長四（一五九九）年、大坂城で茶々（淀殿）と徳川家康が結婚することになっていたと言う。室町末期から江戸初期にかけて興福寺の僧らによって代々書き継がれた『多聞院日記』を確認すると、

〝大坂ニテ去十日秀頼之母家康ト祝言在之候、太閤之書置在由候〟（慶長四年九月十七日条）とある。

つまり秀吉は、妻の茶々を、政敵の家康に譲るべく遺言した。そのことは当時、伏見に抑留されていた朝鮮の官人も『看羊録』に書き記していて、秀吉は、家康を秀頼の母と結婚させることで、秀頼の後見をさせ、秀頼成人の後は政権を秀頼に返させようとした。ところが乳母子でもあった大野治長と密通していた茶々はこれを拒絶した、と言うのだ（北川氏前掲書）。

ということは家康には結婚の意思があったということで、茶々が承諾していたらその

後の歴史はどうなっていたのか。茶々は家康の子を生んで、その子が徳川将軍になっていたのだろうか？　茶々の同母妹の江が家康の子の二代将軍秀忠の妻となり、千姫（豊臣秀頼妻）や三代将軍となる家光を生んだことを思うと、あり得ぬ話ではない（家光は茶々の甥、お市の方の孫に当たる。織田家はまさに女系図で栄華の血を残したわけだ）（系図1）。

茶々と家康の縁談で思い出すのは、奥州藤原秀衡が、外腹の長男に、自分の正妻を譲る遺言をしていた話で、これは夫死後、家長として絶大な力と権威をもっていた中世武士の「後家」の力ゆえ、生まれた発想であることはすでに触れた（⇒第九講）。人望のある外腹の長男に、自分の正妻を与えることで、今一つ頼りない正妻腹の嫡男を守る意図もあっただろう。それによって、外腹の長男が、正妻腹の嫡男に離反することを防ぎ、一族の存続をはかったのだ。

初期天皇家（当時は大王家）で、物部氏のイカガシコメが孝元とその子開化という父子二代の妻になったのも（⇒第三講）、ひょっとしたら、こうした「後家の力」が古代にもあって、孝元の地位と権力を強化する目的もあったのかもしれない。というのも次の崇神朝で、明らかに王朝交替があったとしか思えぬ記事が『日本書紀』には多いのだ。その最たるものがそれまで大王と共に御殿にあり、大王を守っていた〝天照大神〟と〝倭大国魂《やまとのおほくにたま》〟の二神が、急に霊威を振るい、大王と共に住むことができなくなって、よそに祀られることになったという記述。天照大神は奈良の磯城《しき》に遷され（垂仁朝でさらに伊勢に遷され、伊勢神宮となる）、倭大国魂も遷すのだが、祀った皇女が髪が抜け落ちるなど衰弱した。夢の告げで大物主神の祟りと分かり、イカガシコメの兄弟のイカガシコヲに命じ、物部氏の祭具を使い、大物主神の子孫に祀らせ、事なきを得た。

子孫を守るはずの神々が子孫を衰弱させることになったのは、王朝がここで変わったとしか思えない。つまりその前の孝元・開化朝は大きな危機に立たされていた。事によると開化は孝元の実の子ではなかったかもしれない。実の子であったとしても、有力な皇子ではなかったのが王朝を乗っ取り、乗っ取ったがゆえの王権の脆弱さを、前王の妻を皇后にすることで補ったのではないか。そうしたツケが次の崇神朝に出てきたのではないか。開化の異母兄弟のタケハニヤスビコが崇神朝に反旗を翻したのも政情の不安定さを示しており、タケハニヤスビコのほうが、開化・崇神より有力な後継者だった可能性もあろう（系図2）。

系図1 織田、豊臣、徳川　婚姻系図

『系図纂要』『多聞院日記』等による

‖養子
◆同一人物

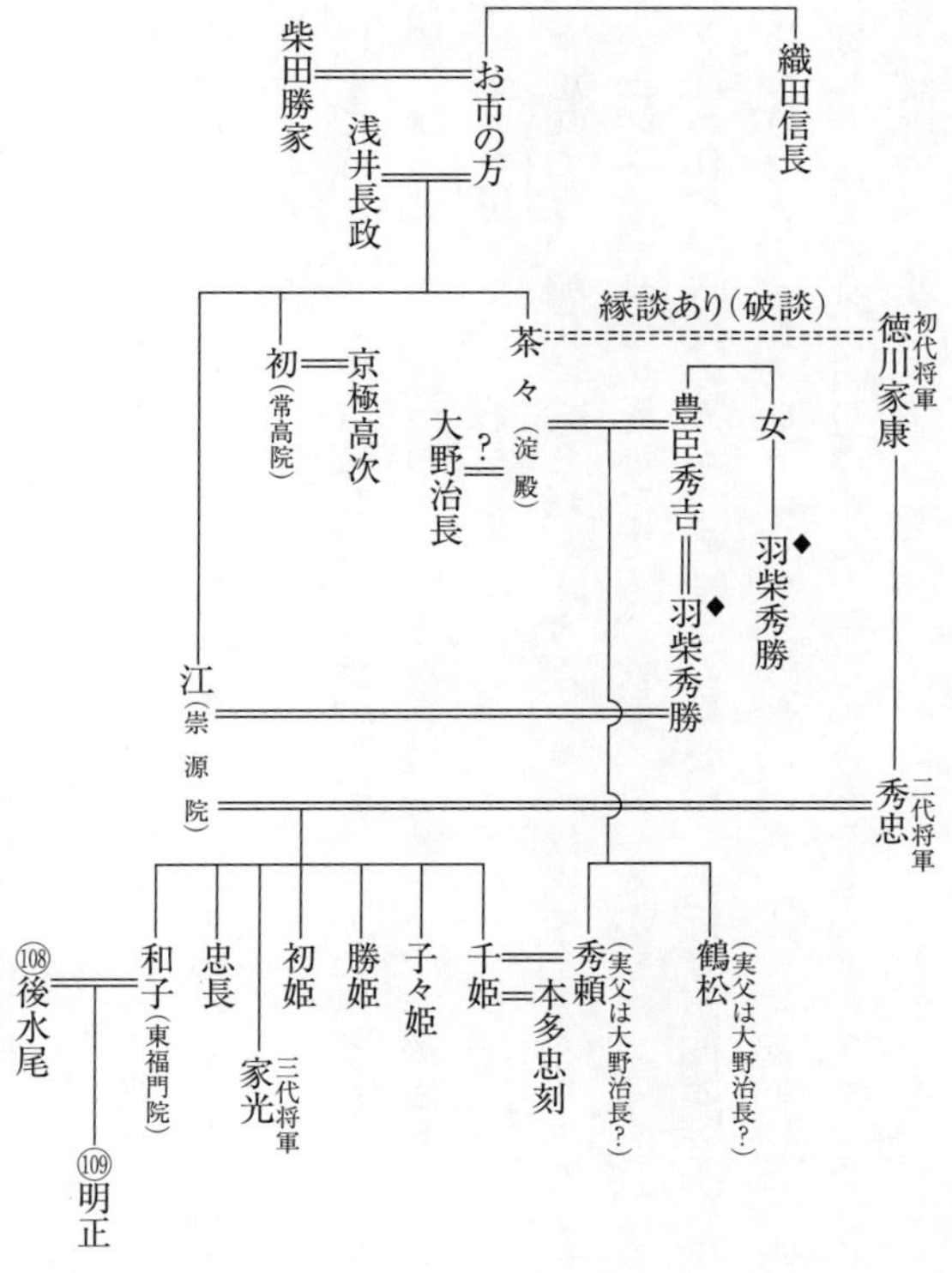

いずれにしても、こうしたこと……父（前権力者）から息子（次期権力者）へ、妻が譲られること……が起きるのは、前政権が絶大な父の力で束ねられていたのに対し、息子の代には敵に滅ぼされる恐れがある、つまりは一族の存亡に関わる危機が訪れている場合である。奥州藤原氏のケースがそれで、結局、秀衡のはからいにもかかわらず、子らは頼朝に攻め滅ぼされたのだ。

秀吉と家康は親子ではないが、秀吉にしてみれば、息子・秀頼の母茶々を、次期権力者と目される家康に譲ることで、豊臣の家を何とか存続させたい、存続させられないまでも血を残したいという思いだったのだろう。

血を残すという意味では、開化に譲られたイカガシコメは崇神を生んだのだから、たとえここで父系の王朝が途切れていたとしても、女系ではつながっている。

秀吉は胤なしと言われ、同時代の人も秀頼やその兄鶴松（夭折）が彼の実子と信じる者はいなかったという。大野治長の胤とするのが一般的だが、とくに鶴松のほうは子胤のないことを自覚した秀吉自身が自分の選んだ男と茶々を交わらせ、生ませたという説もある（服部英雄『河原ノ者・非人・秀吉』）。

胤があってもなくても、前政権と次期政権の橋渡しと融合に、女が利用され役立って

系図2 開化・孝元とイカガシコメ

『古事記』
『日本書紀』
『先代旧事本紀』
等による

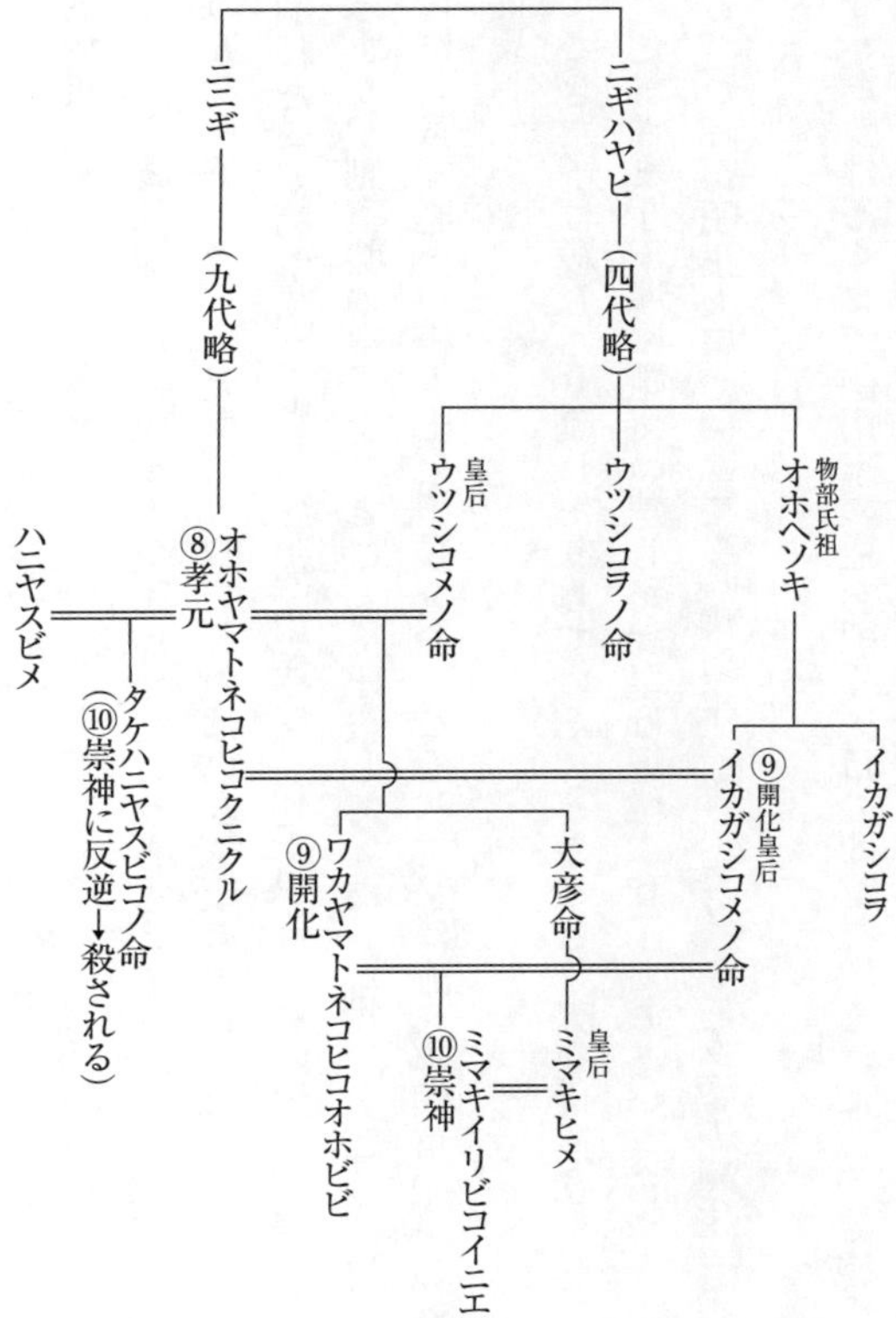

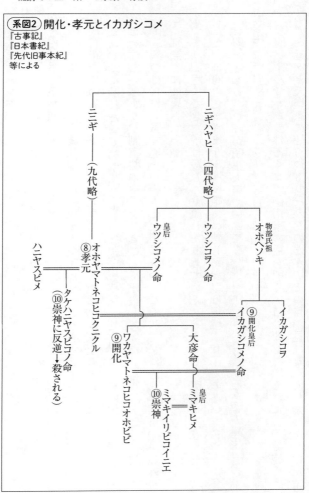

いたことは確かだ。

久々の女帝誕生の真相

ついでに言うと、家康は徳川氏の血を天皇家にも注ごうと考えており、一六二〇年、二代将軍秀忠の五女和子が後水尾天皇に入内したのは亡き家康の方針によるものだったことはすでに触れた（⇓第十講）。ところが徳川氏は、和子以外の女の生んだ皇子の即位を避けたいあまり、側室腹の皇子をことごとく圧殺していた。『細川家記』によれば、〝御局衆のはらに、宮様達いか程も出来申候をおしころし、又は流し申候事、事の外むこく御無念に被思召〟

つまり側室にできた子は殺したり流したりしていた。そのことを天皇は無念に感じていたと。幕府のさまざまな干渉に嫌気の差した天皇は退位、和子とのあいだにできた皇女を即位させる。これが明正天皇で、「奈良時代以来、絶えて久しい女帝の誕生」（村井康彦編『洛　朝廷と幕府』）となった。

幕府が望んでいたのはあくまで徳川家の血を引く男帝の即位で、それによって徳川氏の血を延々と天皇家に注ぐつもりだったのだが、その目論見は外れてしまったわけだ。

あとがき

中学生のころから古典を読むのが生きがいで、大学で日本史を専攻したのも古典の生まれた背景を学ぶためだった。

古典には登場人物が多く、血縁関係が複雑だ。理解のためには「系図作り」が不可欠となり、いつしかそれが趣味になって、ドラマを見ても犬を飼っても系図を作る癖がついたことは本文でも書いた。

私の作る系図の特徴は、どの女が誰と結婚し、どんな子を生んで……といった「女系図」が主体であることだ。

これは意識してそうしたわけではなく、私が好んで読んでいた平安古典の母艦たる貴族社会では、女のもとに男が通う婿取り婚が基本で、子供は母方で育つため、母方の影響力が物凄い。しかも不倫がばんばん出てくるから、DNA鑑定もない昔、確実なのは母方の血筋だけ、「信じられるのは女系図だけ」ということになってくる。

しかるに既存の系図集は、「どの父の子であるか」という男系図が中心だ。

勢い、「どの母の子であるか」という「女系図」を自分で作成する羽目になる。

本書は、そうした私の系図作りを、「週刊新潮」（二〇一五年十二月十日号）の趣味を紹介するページに取り上げてもらったことがきっかけで生まれた。「新潮45」での連載十回に加え、書き下ろし五つに、それぞれ一～七個の系図や図表を作った。系図は、今まで読んできた古典から作った系図をベースに新たに作成した。一つの系図作りで一日が終わることもあったが、あの人がこの人とつながっている！　という発見の楽しさと驚きで、ランナーズハイならぬ系図作りハイになることもしばしばだった。

女系図は「作ってびっくり」の連続だ。紫式部が、平安朝を騒がせた密通斎宮の「はとこ」だったり、「滅亡」したはずの平家が今上天皇につながっていたり、義経がなぜあれほど頼朝に恐れられたかも女系図を作れば分かる。

系図の一本の二重線にさまざまな愛憎や歴史がこもっている。

本書には、女系図だからこそ見えてくる、新発見の歴史があるはずだ。

二〇一七年七月　大塚ひかり

参考原典・主な参考文献

1　参考原典　本書で作成した系図・引用した原文は以下の本に依る。

黒板勝美・国史大系編修会編『尊卑分脉』一～四・索引　新訂増補国史大系　吉川弘文館　一九八七～一九八八年
宝月圭吾・岩沢愿彦監修『系図纂要』第十三冊　名著出版　一九七五年
岩沢愿彦監修『系図纂要』第九冊下　名著出版　一九九一年
市古貞次校注・訳『平家物語』一・二　日本古典文学全集　小学館　一九七三・一九七五年
阿部秋生・秋山虔・今井源衛校注・訳『源氏物語』一～六　日本古典文学全集　小学館　一九七〇～一九七六年
水原一考定『新定　源平盛衰記』一～六　新人物往来社、一九八八～一九九一年
三角洋一校注『とはずがたり・たまきはる』新日本古典文学大系　岩波書店　一九九四年
久松潜一・久保田淳校注『建礼門院右京大夫集　付　平家公達草紙』岩波文庫　一九七八年
久保田淳校注・訳『建礼門院右京大夫集・とはずがたり』新編日本古典文学全集　小学館　一九九九年
栃木孝惟・日下力・益田宗・久保田淳校注『保元物語・平治物語・承久記』新日本古典文学大系　岩波書店　一九九二年
山中裕・秋山虔・池田尚隆・福長進校注・訳『栄花物語』一～三　新編日本古典文学全集　小学館　一九九五～一九九八年
橘健二・加藤静子校注・訳『大鏡』新編日本古典文学全集　小学館　一九九六年
岡見正雄・赤松俊秀校注『愚管抄』日本古典文学大系　岩波書店　一九六七年
山口佳紀・神野志隆光校注・訳『古事記』新編日本古典文学全集　小学館　一九九七年
小島憲之・直木孝次郎・西宮一民・蔵中進・毛利正守校注・訳『日本書紀』一～三　新編日本古典文学全集　小学館　一九九四～一九九八年
青木和夫・稲岡耕二・笹山晴生・白藤禮幸校注『続日本紀』一～五、笹山晴生・吉村武彦編『続日本紀』索引年表　新

日本古典文学大系　岩波書店　一九八九〜一九九八年、二〇〇〇年
江口孝夫全訳注『懐風藻』講談社学術文庫　二〇〇〇年
井上光貞・関晃・土田直鎮・青木和夫校注『律令』日本思想大系新装版　岩波書店　一九九四年
早川純三郎編『令集解』一　国書刊行会　一九一二年〈国立国会図書館デジタルコレクション、以下、国会dc〉
『拾芥抄』村上勘兵衛　一六五六年〈国会dc〉
和田英松校訂『水鏡』岩波文庫　一九三〇年
『本朝皇胤紹運録』：塙保己一編『群書類従』第五輯（続群書類従完成会　一九三二年）所収
秋本吉郎校注『風土記』日本古典文学大系　岩波書店　一九五八年
大野七三校訂・編『先代旧事本紀訓註』批評社　二〇〇一年
『聖徳太子伝暦』：高楠順次郎・望月信亨編『聖徳太子御伝叢書』（金尾文淵堂　一九四二年）所収〈国会dc〉
東野治之校注『上宮聖徳法王帝説』岩波文庫　二〇一三年
和田清・石原道博編訳『魏志倭人伝　他三篇』岩波文庫　一九五一年
菊地靖彦・木村正中・伊牟田経久校注・訳『土佐日記・蜻蛉日記』新編日本古典文学全集　小学館　一九九五年
藤岡忠美・中野幸一・犬養廉・石井文夫校注・訳『和泉式部日記・紫式部日記・更級日記・讃岐典侍日記』新編日本古典文学全集　小学館　一九九四年
馬淵和夫・国東文麿・稲垣泰一校注・訳『今昔物語集』一〜四　新編日本古典文学全集　小学館　一九九九〜二〇〇二年
松尾聰・永井和子校注・訳『枕草子』新編日本古典文学全集　小学館　一九九七年
竹鼻績全訳注『今鏡』上・中・下　講談社学術文庫　一九八四年
日本史籍保存会編『中右記』五　史料通覧　日本史籍保存会　一九一六年〈国会dc〉
経済雑誌社編『公卿補任』前編　国史大系　経済雑誌社　一八九九年〈国会dc〉
久保田淳・平田喜信校注『後拾遺和歌集』新日本古典文学大系　岩波書店　一九九四年

東京大学史料編纂所編『碧山日録』上　大日本古記録　岩波書店　二〇一三年
辻善之助編『大乗院寺社雑事記』二　三教書院　一九三一年〈国会dc〉
中野幸一校注・訳『うつほ物語』一〜三　新編日本古典文学全集　小学館　一九九九〜二〇〇二年
『大弐三位集』『玉藻集』『小大君集』：長澤美津編『女人和歌大系』第二巻（風間書房　一九六五年）所収
浅見和彦校注・訳『十訓抄』新編日本古典文学全集　小学館　一九九七年
小林保治・増古和子校注・訳『宇治拾遺物語』新編日本古典文学全集　小学館　一九九六年
山根對助・池上洵一校注『富家語』：『江談抄・中外抄・富家語』（新日本古典文学大系　岩波書店　一九九七年）所収
『小柴垣草紙』：永青文庫　春画展日本開催実行委員会編『SHUNGA』（春画展日本開催実行委員会　二〇一五年）所収
黒板勝美編『本朝世紀』新訂増補国史大系　吉川弘文館　一九九九年
黒板勝美・国史大系編修会編『日本紀略』吉川弘文館　一九六五年
片桐洋一・福井貞助・高橋正治・清水好子校注・訳『竹取物語・伊勢物語・大和物語・平中物語』日本古典文学全集　小学館　一九七二年
増補史料大成刊行会編『権記』二　増補史料大成　臨川書店　一九六五年
川端善明・荒木浩校注『古事談・続古事談』新日本古典文学大系　岩波書店　二〇〇五年
山中裕編『御堂関白記全注釈』寛仁元年　国書刊行会　一九八五年
井上宗雄全訳注『増鏡』上・中・下　講談社学術文庫　一九七九〜一九八三年
永原慶二監修・貴志正造訳注『全譯吾妻鏡』一〜五　新人物往来社　一九七六〜一九七七年
国書刊行会編『玉葉』国書刊行会　一九〇七年〈国会dc〉
『苅萱』：荒木繁・山本吉左右編注『説経節』（東洋文庫　平凡社　一九七三年）所収
『天神の本地』：横山重・松本隆信編『室町時代物語大成』第十・補遺二（角川書店　一九八二・一九八八年）所収
黒板勝美・国史大系編修会編『日本三代実録』国史大系　吉川弘文館　一九六六年

井上光貞・大曽根章介校注『本朝神仙伝』:『往生伝・法華験記』（日本思想大系新装版 岩波書店 一九九五年）所収
小松茂美編『長谷雄草紙・絵師草紙』日本の絵巻 中央公論社 一九八八年
小松茂美編『北野天神縁起』続日本の絵巻 中央公論社 一九九一年
小松茂美編『男衾三郎絵詞・伊勢新名所絵歌合』続日本の絵巻 中央公論社 一九九二年
早稲田大学編輯部編『陰徳太平記』上 通俗日本全史 早稲田大学出版部 一九一三年
岩坪健編『『源氏小鏡』諸本集成』和泉書院 二〇〇五年
川口久雄校注『菅家文草・菅家後集』日本古典文学大系 岩波書店 一九六六年
辻善之助編『多聞院日記』三教書院 一九三九年 〈国会dc〉
『島津家譜』:近藤瓶城編『史籍集覧』第十五冊（近藤出版部 一九〇二年）〈国会dc〉
『吉見系図』:近藤瓶城編『史料通信叢誌』（史料通信協会 一八九四年）所収 〈国会dc〉
鹿児島県編『鹿児島県史・別巻』鹿児島県 一九四三年 〈国会dc〉
『細川家記』:神宮司庁編『古事類苑』第十冊（古事類苑刊行会 一九二八年）所収 〈国会dc〉

2 主な参考文献 その他の参考文献については本文中にそのつど記した。

浜島書店編集部編著『新詳日本史図説』浜島書店 一九九八年
近藤敏喬編『宮廷公家系図集覧』東京堂出版 一九九四年

初出　「新潮45」二〇一六年六月号～二〇一七年三月号
補講五篇は書き下ろし

大塚ひかり　1961（昭和36）年生まれ。早稲田大学第一文学部日本史学専攻卒。著書に個人全訳『源氏物語』全6巻、『本当はひどかった昔の日本』『本当はエロかった昔の日本』等。

Ⓢ新潮新書

735

女系図《おんなけいず》でみる驚《おどろ》きの日本史《にほんし》

著　者　大塚《おおつか》ひかり

2017年9月20日　発行
2017年11月15日　4刷

発行者　佐　藤　隆　信

発行所　株式会社新潮社

〒162-8711　東京都新宿区矢来町71番地
編集部(03)3266-5430　読者係(03)3266-5111
http://www.shinchosha.co.jp

図表レイアウト　株式会社アトリエ・プラン

印刷所　大日本印刷株式会社

製本所　加藤製本株式会社

ISBN978-4-10-610735-1　C0221

価格はカバーに表示してあります。